JN093320

笑うか信じるか

ベントラー友夫

笑うか信じるか

目 次

「水泳学」

笑いとは何か

　笑いは理性の証明である。理性が適切にはたらいている時、笑いが生じる。

　正常と異常、科学と非科学、ホントとうそ、これらを判別する能力が、笑いを生む。

　笑いは、科学精神と比例する。

　高い科学精神を持つほど、笑いの対象も多くなり、楽しい人生となる。本書を読んで現代人の剣、盾、鞘を手に入れ、笑いのネタをたくさん持ちましょう。世界が笑いに満ちていることに気付くでしょう。

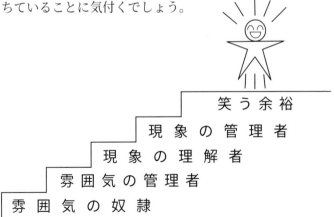

笑う余裕
現象の管理者
現象の理解者
雰囲気の管理者
雰囲気の奴隷

精神の発達段階

呪術期

現象問題に、文字で対抗する態度。呪文、お経、おまじない、学術論文など、文字を操って、祈り、おがみ、論文を書き、雰囲気に耽る。古本を後生大事にし、いつまでも更新されない情報の中で生きる。偶像をありがたがり、笑う余裕は無い。

科学期

現象を数字、単位で表し、現象問題に道具で対抗する。20世紀までの古本を全部捨てる。機能行動を理解、実践する。
偶像を笑う。
真正な科学を理解、実践する。

四つの社会的立場

服装が特殊。

②雰囲気の管理者

聖職者、宗教、教育界のリーダー。
立派な肩書きをもつ。
決して急がない。
先生と呼ばれる。
科学技術の「聖域」に住む。
文系の学者。

①雰囲気の奴隷

生徒、信者、学生、消費者
なんでも信じる、買う。
文芸の奴隷。
自律的行動ができない。

呪　術　期

祈り、おまじない、呪文の
力を信じる。

笑う余裕のある現代人

③現象の理解者

科学精神を理解、応用する。
現象を観察、観測し、一定の予測が可能。
文芸に酔わない。
現象の因果関係を明らかにし、科学の発展に寄与する。
理系の学者。

④現象の管理者

常に急ぐ。
発展系、予防系、除去系の機能行動を理解実践する。
更新される情報に同期する。
偶像を笑う。

機能行動モデル図

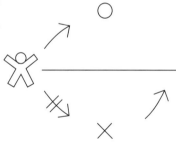

自発的、自律的行動ができる。
自由を享受する。
偶物、ミスネーミング、虚名詞を笑う。

科　学　期

呪文、おまじないを笑いとばす。

①雰囲気の奴隷

　我々は人生の初期に教育によって雰囲気の奴隷として育てられる。協調性を身につけ、集団行動を通じて、安静の支配を受容する。行動基準は「他のみんなはどうするか」であり、法律や科学に基づいた行動はできない。受動的、他律的な行動をとり、自覚の無いまま祈り、おがみ、呪文やおまじないを信じる。○○教、○○学信者として一生を終える。「先生」や教祖様に誉めてもらうために生きる。科学を「異端」とみなし学習しない。「伝統」のために命も捨てる。偶像、偶物を有難がる。笑いの存在しない世界に住む。笑う余裕もなく、祈る。

②雰囲気の管理者

　最高の地位は宗教や神学のリーダー。

　信者を古式ゆかしく伝統に則って教育する。法律も科学も眼中にない。古本に書いてないことに対応できない。最高の使命は儀式を盛大に執り行うこと。立派な信者を育て、次世代に伝えてゆくこと。信教の自由、学問の自由は法律で守られているため、どんな妄想もムダも時代錯誤も許される。「科学技術の聖域」の住人。

◯	正統	伝統	退嬰	非科学
✕	異端	新奇	新取	科学

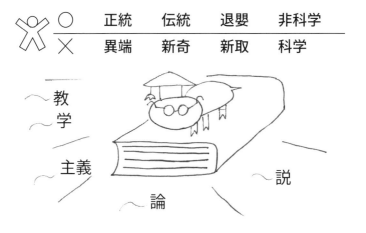

〜教
〜学
　主義
　　　　〜説
　　〜論

③現象の理解者

呪術期を卒業した精神はまず現象の理解者となる。理科年表、IT用語辞典、六法全書といった、毎年更新される情報を理解する。現象を精密に観測する機器を使いこなす。現象を記述する豊富な概念を単位を付けて表す。

情報に精度を要求する。経験則から、一定の範囲で未来を予測する。

真実（実名詞で構成される）を追求する。

原因		結果
線状降水帯	→	大雨
地震前兆現象	→	地震
海面水温上昇	→	エルニーニョ現象

○	科学	精密	理路整然	正確
×	非科学 ニセ科学	曖昧	支離滅裂	不正確

④現象の管理者

　進化の最高形態。状況に応じて適切な機能行動をとる。道具を適切に用いる。

①発展系　　　　　　現状より良い状態を目指す。
　　　　　　　　　　筋肉増強……鉄亜鈴
　　　　　　　　　　速く移動する……各種乗物

②予防系　　　　　　現状より悪い状態を避ける。
　　　　　　　　　　盗難の予防……鍵
　　　　　　　　　　雨に濡れるのを防ぐ……傘

③除去系　　　　　　既に存在する悪い状態を良い状態に戻す行為。

一番優先順位が　　　近眼の矯正……眼鏡
高いのは、③除　　　体の洗浄……石けん
去系の行為

④予備的行動
スマホの故障に備え電話帳データをノートに写す作業、地震の避難訓練非常時に備える作業

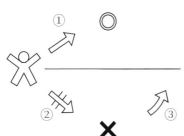

②③④を危機管理と呼ぶ。

除去系の成功と失敗

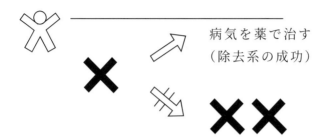

病気を薬で治す
（除去系の成功）

　病気を治すため薬を飲んだら副作用で別の病気にかかってしまった。（薬害）

　入院したら別の病気に感染した。（院内感染）遭難の救助に行ったがさらに遭難してしまった。（二次遭難）

　これらの事例は除去系の失敗、さらなる事態の悪化✖✖として理解できる。

　除去系の作業は事態の悪化を防ぐものでなければならない。

　現象の管理者の課題のひとつ。

　不祥事を隠ぺいしようとして発覚したり、赤字の粉飾決算が露見したり、不都合な試験データを捏造し、明らかになったりする類。

車のパーツの機能分類

発展系　カーナビ　GPS と連動し目的地までの道を知ら
　　　　　　　　せる

　　　　バックミラー、リアビューモニター　後方の視界を得る

　　　　ETC　料金所で停車せずに通過する

　　　　サイドミラー　側方の視界を得る

　　　　スピードメーター　スピードを把握する

　　　　ドライブレコーダー　前後の映像を記録し事故
　　　　　　　　　　　　の際証拠とする

　　　道路交通情報通信システム　渋滞状況などの提供
　　　安全、快適に運転する

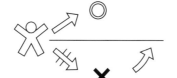

予防系　　　　　　　　　　　✕　　　　　　　　除去系

クラクション　警告し事故　│　バンパー　衝突時の衝撃緩和
　　　を防ぐ　　　　　　　│　デフロスター　霜を除き視界
ハザードランプ　後継車の　│　　　　　　　　を良くする
　　　追突予防　　　　　　│　ウィンドウォッシャー　フ
オイルランプ　ガ ス 欠 の　│　　　ロントガラスの洗浄
　　　予防　　　　　　　　│　スペアタイア　パンクの際
イモビライザー　盗難予防　│　　　　　　　用いる
バックソナー　後方の物体　│　シートベルト、エアバッグ
　　　検知　　　　　　　　│　衝突時体をシートに固定する
ウィンカー　事故の予防　　│　マフラー　消音器

火の使い方

発展系

錬鉄、刃を鍛える

暖房道具として
暖炉、ストーブ、焚火、
懐炉

照明具としての火
ろうそく、ランプ、ガス灯、
松明（たいまつ）、篝火（かがりび）、行灯（あんどん）

動力源として　火力発電

発生する煙を情報伝達手段
として用いる……狼煙（のろし）

溶接、金属加工

- ロケットエンジン
大気圏突破の推進力

ジェットエンジン
飛行機の推進力

原油を精製し石油等を得る

原料を蒸留し酒を作る

窯で陶器、食物を作る

ダイナマイトを土木工事
に用いる、焼畑農業

武器としての各種ミサイ
ル　爆弾

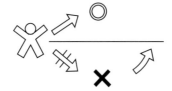

予防系

食材を加熱殺菌し、食中毒
を防ぐ

鹿火屋（かひや）　鹿などが畑を害す

るのを防ぐため火を焚く。

除去系

ゴミを焼却する

艾（もぐさ）に火をつけ灸治に用いる。

蚊取線香で蚊を除く。

水の使い方

発展系

生命の根源として動植物を育てる

エネルギー源として水車を動かす
水力発電、潮力発電

上下水道の提供

海洋温度差発電

氷の使い方
氷塊で家を作る
（イグルー）

氷に彫刻する
（装飾）

プール、スケートリンク、スキー場を提供する
（スポーツ）

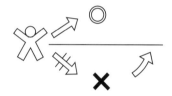

予防系

水冷エンジン

オーバーヒートの予防

水分を体内に補給し熱中症

を予防する

除去系

熱が出た時、頭を冷やす
火事の時、火を消す

入浴、洗濯、掃除

夏、打ち水をして気温を下げる

患部を氷で冷やす冷却療法
（アイシング）

眼鏡　四態

①眼鏡の機能は一般的には近眼の矯正であり、除去系である。

近眼

②冬山登山で登山家の用いるサングラスは雪目を防ぐものであり、予防系。

真夏のサングラスも、日光を避けるもので、予防系。

雪目、直射日光

③度の無い眼鏡はいわゆる伊達眼鏡と呼ばれ、装飾のみを目的とした存在。機能は無い。

④水中眼鏡は視力の正常な者も用いる、水中で一定の視覚を確保する機能であり、発展系の存在意義である。

水中での視界

偶物（idol-goods）について

偶物とは、偶像崇拝と関連した物品で、雰囲気の奴隷が有難がるもの。いかなる現象問題も解決しない。道具とは呼べないもの。偶像を象ったものが一番有名。
（仏像、ご神体）偶物は主に固体であるが、宣伝広告によって、どんな液体、気体も偶物になり得る。

「この海洋深層水で健康になる」

（液体の偶物化）

「この養毛剤で髪の毛が生える」

「この煙を浴びると頭が良くなる」（気体の偶物化）

現代人は理性で道具と偶物を区別し、笑う。

道具……現象問題を解決。発展系、予防系、除去系のいずれかに属し、機能を発揮する。

偶物……信者の心理的問題を解決。
機能は無い。

偶物一覧

原始人が信仰を基に作った物品。長い歴史と伝統を持つ。
機能は無い。

amulet	お守り、魔除け
rosary	ロザリオ　カトリック教会の数珠。
billiken	福の神のマスコット
charm	お守り、魔除け、まじない、呪文
cross	十字架　crossing　十字を切る行為
five Ks	シーク教徒のお守り
frontlet	ユダヤ教、額につける護符
grisgris	アフリカ先住民の魔除け
horse shoe	馬蹄、悪魔を払う力があると考えられている。
juju	西アフリカの呪物、お守り
lucky penny	お守り
mojo	お守り、魔力
mumbojumbo	迷信的呪文、崇拝物
phylactery	形見、お守り、護符。

obi	魔術、護符、偶像
periapt	お守り、魔除け
rabbit foot	幸運のお守り
scarab	スカラベ神聖甲虫　古代エジプト人が護符に用いたコガネムシ像。
Solomon's seal	ソロモンの封印　神秘的な力があるとされた。
talisman	お守り、ウサギの後ろ足、護符
tiki	ポリネシア文化圏で先祖を象った彫像お守り
totem	北米先住民が氏族、家族の象徴と見なす自然物。
wishingwell	コインを投げ入れると願い事がかなうという願かけ井戸。
天児<ruby>あまがつ</ruby>	祓に子供の傍に置き形代<ruby>かたしろ</ruby>として凶事をうつし負わせるために用いた人形。
石敢当<ruby>いしがんとう</ruby>	「石敢当」の三字を刻して建ててある石碑。中国伝来の民俗で、悪霊除けの一種。
卯杖<ruby>うづえ</ruby>	正月の大卯の日に邪鬼を払うまじないとした杖。
卯槌<ruby>うづち</ruby>	平安時代、卯杖と同じく正月の大卯の日に用いた小さい槌。邪鬼を払うといわれる。

厭勝銭 （えんしょうせん）	吉祥の文句を鋳出し、縁起物や護符とする銭。
鬼瓦	魔除けとして屋根の棟の両端に用いる鬼の面に象った瓦。
懸仏	神像、仏像の半肉彫りの鋳像をつけたり線刻したりして、内陣にかけて拝んだもの。
飾り炭	新年の松飾りに用いる炭。邪気を避けるためのもの。
飾り花	平安時代、邪気を払うために、女が色系で花を造り、白紙に貼って背にかけたもの。
形代 （かたしろ）	陰陽師が、みそぎ、祓（はらえ）などに用いた紙の人形。これで身体を撫でて災いを移し川に流した。
掻っ込め	福をかきこめの意。縁起物の熊手の一種。
叶福助 （かのうふくすけ）	江戸で流行した福の神の人形。
雷除け	落雷をよけるために社寺から出す守り札。
菊枕	菊の花を干して詰めた枕。邪気を払うという。
括猿 （くくりざる）	猿のぬいぐるみ。お守りにしたり、念願の成就を祈ったりした。
薬玉 （くすだま）	五月五日の端午に、不浄を払い邪気を避ける具として柱にかけ、身に帯びたもの。

懸想文 <small>けそうぶみ</small>	男女の良縁を得る縁起として江戸時代 売られたお札。
鴻巣人形 <small>こうのす</small>	江戸時代、疱瘡よけのまじないとして 流通。 <small>ほうそう</small>
高野の万年草	植物、乾燥してお守りとした。
牛王宝印 <small>ごおう</small>	牛王宝印などと記した厄除けの護符。
五石散	中国、六朝時代流行した、服用すると 仙人になれると信じられた散薬。
五大力菩薩	家の四隅に「五大力菩薩」と書いた札 をはって盗難除けにする。
事無酒 <small>ことなぐし</small>	災厄を払い除く酒。
護符	神仏が加護して種々の厄難から逃れさ せるという札。まもりふだ。
狛犬	神社に置かれる一対の獅子に似た獣の 像。魔よけのためという。
護摩札	護摩を焚いて仏に祈って作った守り札。
犀角 <small>さいかく</small>	犀の角。邪気を払い毒を消すなどの霊 力をもつとされ、魔除けの他、細工物 に用いた。
幸いの守り	貴人の娘が結婚の時に夫の家に持って ゆく守札。
パワーストーン	特別な力があるという石。

<ruby>簓三八宿<rt>ささらさんぱちやど</rt></ruby>	疫病、疱瘡などを防ぐために門戸に貼ったまじないの文句。
猿神	猿を神あるいはその<ruby>眷属<rt>けんぞく</rt></ruby>として<ruby>祀<rt>まつ</rt></ruby>るもの。
シーサー	沖縄の唐獅子像、魔除けの一種。
<ruby>地黄粥<rt>かゆ</rt></ruby>	地黄の根茎を入れた粥。正月にこれを食すれば邪気を除くという。
<ruby>潮満珠<rt>しおみちのたま</rt></ruby>	海水につければ潮水を満ちさせる呪力があるという珠。
式神	陰陽師の命令により変幻自在、不思議な技をなすという精霊。
<ruby>十五日粥<rt>かゆ</rt></ruby>	一年中の邪気を払うため正月十五日の朝食べる小豆粥。
呪符	災厄を避ける呪力があるとして身につけるもの。
<ruby>千疋猿<rt>せんびきざる</rt></ruby>	女児の災難よけや芸能の上達を祈るために捧げる。くくり猿を糸で連ねたもの。
呪物（fetish）	超自然力な力をもつとされる物。
勝軍地蔵	軍神として尊信される地蔵菩薩。
菖蒲酒	五月五日の節句に邪気を払うとして飲む酒。

神符	神社などから授与する護符。神棚に安置したり門戸に貼ったりする。
聖遺物	聖人の遺骨、遺品。崇拝の対象となる。
園韓神 （そのからのかみ）	園の神と韓の神。古くから大内裏の宮内省に祭られた。
蘇民将来	護符の一種。木製の六角又は八角で塔状をなす。
大仏	丈六（一丈六尺）以上の仏像。一丈は約三メートル。
大麻	伊勢神宮および諸社から授与するお札。
田扇	伊勢神宮の田植の神事に用いる扇。これで田をあおげば害虫を生せず、産婦がいる家の柱にかけると安産するという。
宝船	正月の初夢を見るために枕の下に敷いた縁起物。七福神を描いた。
達磨 （だるま）	張子の玩具、開運の縁起物とし、願いが叶った時目玉を描くならわしがある。
俵迎え	奈良地方で正月三が日に大黒などの福神を刷った札を買って祝った。
知恵の輪	文殊を祀った（まつ）寺院にある円形の石輪。くぐれば知恵を得るという。
千草結び	男女の名前を書いた紙を神社の木の枝に結び結ばれることを祈る習俗。

朔日丸 （ついたちがん）	女が朔日に飲めば孕（はら）まないといわれた丸薬。
角大師 （つのだいし）	元三大師良源を角を生やした降魔の像に描いた魔除けの護符。
天中節	火災、盗難、疫病、口舌の災いをはらうために柱などに張る守札。陰暦八月の朔日、日の出前に張り出すという。
冬至粥 （かゆ）	冬至に食べる小豆粥。疫鬼を払うという。
桃符 （とうふ）	中国で、門戸につける魔除けの符。桃の木で作り、二神の像を描き、のち吉祥の文字を記す。後代、紙に代わった。
十日戎 （とおかえびす）	正月十日に行われる初恵比須。宝を象った縁起物を笹の枝先に付けて売る。
土牛	大寒の前夜、疫気を払うために、宮城の門口に陰陽師の立てた土製の牛の像。
頭巾 （ときん）	修験者のかぶるずきん。瘴気を防ぐという。
年桶	中国地方で、正月の歳の神に物を入れて供える器。
年木	元旦の祝祭に飾る木。年神を祭るためという。
年棚	年の神すなわち正月の神を迎えるために作る棚。その年の恵方（えほう）に向けて吊る。

土砂加持	光明真言で土砂を加持すること。この土砂を死体や墓所にまくと、死者の罪障を除くことができるという。
土地堂	その土地の守護神を祀る祠堂。
鳥総 （とぶさ）	きこりが木を切った時、切った梢をその株に立てて山神を祭ったもの。
海桐花 （とべら）	常緑低木。除夜に扉に挟んで疫鬼を防いだ。
虎の頭	虎の頭部の形に似せた造り物。御湯殿の儀式にその影を写したり、新生児の枕上においたりして、魔除けとした。
流し雛	三月三日の節句の夕方、川や海に流す雛人形。雛はもと人形（ひとがた）として、災厄やけがれを祓え送るものであった。
乳銀杏 （ちちいちょう）	乳の出ない女が願をかける銀杏の老樹。
撫牛	臥した牛の像。商家などで祭る。布団の上に置き、撫でれば吉事があるといわれ、吉事があるごとに布団を重ねる。
浪切る領巾 （ひれ）	波をしずめる呪力のある領巾。
幣 （ぬさ）	儀式用具。麻、木綿、紙などでつくって、神に祈る時に供え、又は祓（はらい）にささげ持つもの。
幣袋 （ぬさぶくろ）	旅行の安全を祈るために、神にささげる細かい絹布または紙の幣を入れて携えた袋。

破魔矢 （はまや）	破魔弓につがえて放つ矢。正月の縁起物。
破魔弓 （はまゆみ）	魔障を払い除くという神事用の弓。
蟇目 （ひきめ）	大形の鏑（かぶら）。穴から風が入って音を発するので妖魔を降伏（ごうぶく）するとし、産所に用いた。
左馬 （ひだりうま）	将棋の駒を象り、角行の成った「馬」の文を左右逆に書いたもの。商売繁盛・招福等のお守りとする。
fetishism	呪物崇拝。物神崇拝。
札配り	神社の守り札をその氏子の家々に配ること、また、その人。
這子 （ほうこ）	幼児の四つ這いの姿に作った人形。幼児のお守りとする。はいはい人形。
蓬矢 （ほうし）	邪気を除くのに用いる蓬（よもぎ）で作った矢。
招き猫	座って片方の前足を挙げて人を招く姿をした猫の像。顧客、財宝を招くというので縁起物として商家などで飾る。
魔払い	死体の上に置く刃物。想像上の妖怪が死体を食いにくるのを防ぐためといわれる。
豆大師	良源の影像を三十三体押印した護符。魔除け、盗難除けとして戸口などに貼る。

御阿札木 賀茂祭に、神霊を迎えるために立てる
（みあれぎ） 榊（さかき）。

ミサンガ 手首などに巻く、糸で編んだ縁起物の
輪。

巳成る金 弁財天を祀る社から一月初巳（はつみ）の日に出
（みなかね） すお守札。

百足 多脚なところから、客足がつく、おあ
（むかで） しが入るなどといって縁起がよい動物
とされる。

百足小判 小判形のお守り。これを財布に入れて
おくと小遣銭に不自由しないと信じら
れた。

虫除け 毒虫、蝮蛇（まむし）などの害を除く功徳がある
という神仏のお守り。

メダイ キリスト教で、信仰のよすがとして身
につけるイエスキリストや聖母の姿な
どを刻したメダル。

盛り塩 料理店・寄席（よせ）などで縁起を祝って門口
に塩を盛ること。また、その塩。

寄辺の水 かめに入れて神前に供え、神霊を寄せ
（よるべ） る水。

懸け守り 胸にかける筒形の守り袋。主に婦人が
用いた。

犬張り子 犬の立姿の張子細工。子供の魔除け、
縁起物、玩具とする。

雷除け	雷を避ける守り札。
立春大吉	立春の日に禅寺の門にはる紙札の文句。読経祈祷してこの紙片を檀家に配布する。道元が伝えたという。
六道銭	死人を葬る時、棺に入れる六文の銭貨。俗に、三途の川の渡し銭だというが、金属の呪力で悪霊を避けようとしたのが起源。
若夷 （わかえびす）	江戸時代、元日の朝早く売って歩いた、夷神の像を刷った御札。門戸に貼ったり歳徳神に供えたりして福を祈った。
若菜	宮中で、正月の初の子（ね）の日に、その年の七種の新菜をあつものとして奉ったもの。万病を除くといわれ、後に七日の行事となった。
若水	元旦の朝に初めて汲む水。一年の邪気を除くという。
疱瘡絵 （ほうそうえ）	疱瘡よけのまじないとして描いた錦絵。

偶物を売るのは雰囲気の管理者。

偶物を買うのは雰囲気の奴隷。

神　仏
呪　　聖
念　　霊
祈　　霊

日本三大偶物

偶物崇拝は世界中で見られ、独特の文化を形成している。
日本で特徴的な偶物を三つ挙げる。

てるてる坊主……晴天を願って作る物。

千人針……太平洋戦争中、これを身につけると敵の弾を防
　　　　げると信じられた。

折り鶴……戦後、平和への祈りをこめて作るよう広まった
　　　　もの。

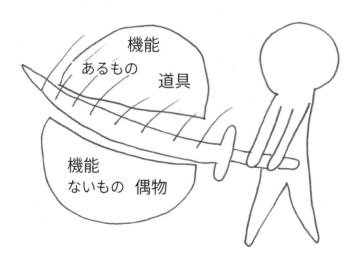

理性という剣

偶物三原則

信者と偶物との間には三原則がある。

①大きい偶物ほど有難い
　日本最大の偶物は霊峰富士山。
　修験道の信仰の対象。
　普通の観音より、千手観音が有難い。
　その辺のお地蔵様より、奈良の大仏が有難い。

②古い偶物ほど有難い
　由緒ある歴史ある偶物が有難い。

③遠い偶物ほど有難い
　近所の神社より、伊勢神宮、出雲大社、北野天満宮、太宰府天満宮が有難い。

　不動産が偶物化している場合、近年特にパワースポットと呼ばれる。
　聖地巡礼は、信者の必須行動。

名と体の問題

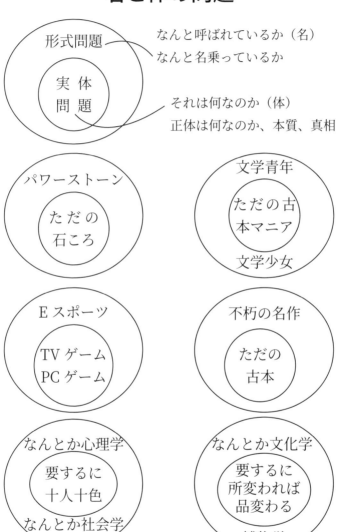

形式問題 ── なんと呼ばれているか（名）
なんと名乗っているか

実体
問題 ── それは何なのか（体）
正体は何なのか、本質、真相

パワーストーン
ただの
石ころ

文学青年
ただの古
本マニア
文学少女

Eスポーツ
TVゲーム
PCゲーム

不朽の名作
ただの
古本

なんとか心理学
要するに
十人十色
なんとか社会学

なんとか文化学
要するに
所変われば
品変わる
博物学

名と体の問題

実体問題		形式問題

実体問題
どうであるか
何であるか

形式問題
それは何と名乗っているか
名前は何か
何と呼ばれるか

実体　実質		外見　外観　うわべ
内容　本質　正味		みてくれ　みせかけ　体面　皮相
実態　中身　真相　核心		表相　形式　表面　かざり
正体　本体　精髄　本性		名目　外貌　看板　外面

名と体が一致する命名	名と体が一致しない命名
truenaming　真正なネーミング ⟷	misnaming　不実なネーミング
花も実もある	藕木刀(はすぼくとう)　見かけ倒しで役に立たないもののたとえ
外観も美しく内容も充実している	風袋倒し　外観が立派で、内容の伴わないもの
文質彬彬(ひんぴん)	名前負け　名前が立派すぎて実が伴わないもの
外見の美と実質とがよく調和している	外目出度(とめでた)　外面だけが立派なもの
名は体を表わす	陶犬瓦鶏　外面がすぐれ役に立たないもの
名栓自性(みょうせんじしょう)	空鞘(そらざや)　外面と内容がくい違うこと
名と実体が合っていること	羊頭狗肉　外見が立派で実質が伴わないもの
名実相伴う	看板倒れ、見かけ倒し、飾り物、銀流し、金箔　有名無実
色も香もある	

名詞三態

名詞は三つに分類できる。

①実名詞　　　名と体が一致　　　true naming
realnoun　　　するもの、真正　　　トゥルーネーミング

②実名詞　　　名と体が一致　　　misnaming
realnoun　　　しないもの、不実　　ミスネーミング

③虚名詞　　　「体」の無いものに　空華
virtualnoun　　つけられた名詞　　実体のない存在をある
　　　　　　　架空、虚構の存在　かのように誤ること。

①真正なネーミング、true naming

蟻食いは、本当に蟻を食う。

蟻吸という鳥は、本当に蟻を捕える。

隠れ魚はナマコ類の腸内に隠れる。

金眼鯛の目は大きく、黄色。

黒船は本当に黒く塗ってあった。

不喰芋は本当に食用ではない。

潮招きは、鋏を上下に動かすさまが潮を招くように見えるから
こう呼ぶ。

掃除魚は本当に大型魚の皮膚を掃除する。

太刀魚<ruby>太刀<rt>たち</rt></ruby>魚は本当に太刀のようである。

テッポウウオは口から鉄砲のように水を射出して草の上の昆虫を落として食べる。

<ruby>河豚<rt>ふぐ</rt></ruby>の異称として、鉄砲。あたれば死ぬから。

電気鰻は本当に電気を発生する。

電気鯰は本当に電気を発生する。

<ruby>鳶烏賊<rt>とびいか</rt></ruby>は海面から飛び上がる。

飛魚は本当に空を飛ぶ。

<ruby>鳶鱝<rt>とびえい</rt></ruby>は本当に空を飛ぶ。

<ruby>跳鮫<rt>とびはぜ</rt></ruby>は本当に空を飛ぶ。

トビトカゲは本当に空を飛ぶ。

candlefish　ロウソクウオ　干してろうそくの代用となる。

catfish　ナマズ　猫のようにひげがある。

<ruby>鮃<rt>ひらめ</rt></ruby>は、文字通り平たい。

<ruby>鰈<rt>かれい</rt></ruby>は、文字通り葉のようである。

②不実なネーミング、misnaming

アラル海、カスピ海と呼ばれていても、実体は湖。

アメリカインディアン　　ヨーロッパ人が、インド人だと考えたことからこう呼ばれる。世界史上最大のミスネーミング。

アラビア数字と呼ばれていても、発祥はインド。

インディアス　　スペイン王室が支配した西インド諸島、南北アメリカ地域　コロンブスが到着した所をインドと誤認したことに由来する名。

インド林檎　　林檎の品種で、北米原産、日本で育種。インドとは無関係。

海雀と呼ばれていても、実体はハコフグ科の魚。

海猫と呼ばれていても、実体はカモメの一種。

海蛇と呼ばれていても、実体は硬骨魚のひとつ。

馬蛭<ruby>馬蛭<rt>うまびる</rt></ruby>　　貝類を捕食し、人畜の血を吸わない。

外套眼　　二枚貝類の外套膜縁にある独得の眼。いわゆる「眼」ではない。

鎌切　　川魚、アユカケの別称。虫の鎌切と混同を生じる。

<ruby>金蛇<rt>かなへび</rt></ruby>と呼ばれていても実体はトカゲ。

<ruby>蟹<rt>かに</rt></ruby>食い猿は蟹を食べない。

蟹蝙蝠（かにこうもり）と呼ばれていても、実体はキク科の植物。

餅搗（もちつ）き　　多くの蚊が群れること、蚊柱。餅は無関係。

貨幣石　　有孔虫類の化石種。貨幣とは無関係。

かものはし　　　①哺乳類　②イネ科の多年草

草雲雀（くさひばり）と呼ばれていても、鳥でなく昆虫。

グラスホッパー（バッタの意）　カクテルの一種

笄蛭（こうがいびる）　　渦虫類の一群、蛭と別で、無害。

金魚と呼ばれていても、赤い。

コバンザメと呼ばれていても、サメではない。硬骨魚綱に属する。

サンショウウオと呼ばれていても、魚類でなく両生類。

鑽籬菜（さんりさい）　　鶏のことを、僧侶が野菜であるかの如く偽った語。

鴫焼（しぎ）　　茄子の料理。鴫は無関係。

芝桜と呼ばれていても、サクラ科でなくハナシノブ科。

衣魚（しみ）と表していても、魚でなくシミ科の昆虫。

社会科学は全て非科学。数値も単位も無い妄想。

科学という「語感」に酔っているだけの世界。

政治学、法律学、経済学、社会学、心理学　　等。

玉偏　たまへん　漢字の偏。珍、珠の「王」（玉ではない）。

朝鮮薊（あざみ）と呼ばれていても、朝鮮原産ではない。

鶴ヶ島　埼玉県南部の市、島ではない。

電気水母（くらげ）は電気を発生しない。

トルコ桔梗（ききょう）はキキョウ類ではなく、リンドウ科。トルコ原産でもなく、北アメリカ原産。

南京錠は別名西洋錠、南京発祥ではない。

火食鳥は火を食べない。

美女桜はサクラ科ではなくクマツヅラ科。

プレーリードッグと呼ばれていてもリス科の動物。鳴き声がイヌに似ているので命名された。

蛇苺はイチゴ科ではなくバラ科。

キノボリウオは、木に登らない。

英字を日本でローマ字と呼ぶが、ローマで通用しない。

ヤツメウナギの目は２つ。えら穴が目に見えるのでこう呼ばれる。

無敵艦隊（Invincible Armada　スペイン軍）と呼ばれていても、無敵ではなかった。1588年、イギリス軍に敗北。

葦登り（淡水魚）は葦に登らない。

四つ目水母（くらげ）に目は無い。

四つ目鹿の目は2つ。別称羗。眼下腺の開口部が大きく、目のように見える。

グリーンランド　雪と氷の島を入植者に魅力的な島と思わせることに成功。偽りのネーミング。

千手観音と呼ばれていても、実際は三十手程度。

ランゲルハンス島　地理的名称のようだが、膵臓の一部を指す言葉。

九十九島（長崎県）と呼ばれていても、実際は二百余りの小島群。

③虚名詞　virtualnoun　実体の無いものを呼ぶ名詞

（オカルト用語、虚動詞（科学的にありえない動詞）を含む）

Angel　　天使

apparition　　幽霊

astral projection　　幽体離脱

astral body　　アストラル体、幽体

Atlantis　　アトランティス島、伝説上の島

aura　　雰囲気、オーラ

banshee　　家族に死人の出ることを予告する女の精霊

basilisk　　伝説上の動物

the Being

Supreme Being }　神

chimera　　キメラ　火を吐く怪獣

telesthesia(オカルト)遠感現象　遠くにいる肉親が負傷した際、同じ部位に傷みを感じるなど。

bit bucket　　誤って消したコンピュータデータが入るとされる空想上の場所

bogle　　おばけ

bogyman　　おばけ

Brahma　　ヒンズー教最高神

Brocken specter　　ブロッケンの妖怪

bugaboo　　おばけ

cargo cult　　積み荷崇拝祖先の霊が品物を満載して戻って来て自由にしてくれるという南洋先住民の信仰。

chakra　　ヨガ用語　人体にあるエネルギーの中枢

conjuration　　悪魔や霊を呼出すこと

Covenant　　神の人間に対する約束

creationism　　霊魂創造説

creation science　　創造科学　聖書の天地創造を科

学的に正しいとする説。

daemon　守護霊、悪魔、悪霊

damnation　天罰、神の呪い

Davy Jones　海魔、海の精

grim reaper　死神

deity　神、女神

demigod　神人

Demogorgon　悪霊

demon　悪魔

demonology　悪魔研究　魔神論　鬼神学

devil　悪魔　魔王

demonize　悪魔を取りつかせる

Doppelgänger　ドッペルゲンガー　自己像幻視

dwarf　小人

dybbuk　悪霊

ectoplasm　エクトプラズム　霊媒から発散される流動性物体

eidolon　幻影、幽霊

elf　小妖精

empyrean　最高天

energumen　悪霊に取りつかれた人

Erebus　暗黒界　死者の住みか

erlking　子供を誘拐する妖精王

ether　エーテル　天空を満たす精気

eudemon　善魔、善霊

evoke　死者の霊を呼び出す（虚動詞）

execration　呪い、呪文

exorcism　悪魔を追い払う（虚動詞）

exorcist　エクソシスト　悪魔払い師

faerie　妖精

fairy　妖精

familiar spirit　使いの精

fay　妖精

fee-faw-fum　吸血鬼

fetch　生き霊

fiend　悪鬼、魔神

fire drake　火を吐く竜

dragon　竜

genie　魔神

Kama　カーマ、愛欲神

ghost,specter,spook,
phantom　幽霊

ghoul　人の肉を食う悪鬼

gluon　未観測の粒子

gnome　地の精、小鬼

goblin　悪鬼

gremlin　目に見えない
子悪魔

griffin　ワシの頭と翼、
ライオンの胴体の動物

Grim Reaper　死神

halcyon　風波をしずめ
るといわれる神話上の鳥

Harpy　不浄の怪物

heaven　天国

Hades　幽冥界

hell　地獄

hex　魔力、のろい

hippogriff　ワシの頭と
翼を持つ伝説上の馬

hobgoblin　小鬼

hoodoo　縁起の悪いも
の　疫病神

incantation　呪文　ま
じない

incubus　夢魔

Jinn　精霊、幽鬼

Kachina　ホピ族の祖霊

kelpie　馬の姿をした人
の精

kobold　地霊

Kraken　北欧の海の怪物

Lachesis
Atropos　運命の三女神
Clotho

lamia　頭、胸は女、胴
体は蛇の怪物

larvae　悪霊

lemures　死者の霊

leprechaun　老人姿の
妖精

Lethe　黄泉の国を流れ
る忘却の川、その水を飲む
と過去を忘れる。

leviathan　海の巨大な
怪獣

levitate　空中浮揚する
（虚動詞）

Lilith　小児を襲う鬼女

limbo　古聖所

litany　連祷（れんとう）　司会者と

会衆が交互に交わす祈りの形式

little green man　　宇宙人、火星人

eschatology　　終末論　死、審判、天国、地獄を説く。

Loch Ness Monster　ネス湖のネッシー

Loki　火、不幸、災いの神

Lord　主、神、造物主

Lorelei　　ローレライ　ライン川の船人を歌で誘惑して遭難させたという。ドイツ伝説のニンフ

lower regions　　地獄

lower world　　地獄

lycanthropy　　おおかみつき　オオカミに変身すること

mage　　魔法使い、魔術師

mana　　ポリネシア人、メラネシア人の信じる超自然力

manes　　祖先の霊

manitou　　北米先住民の超自然的存在

Martian　　火星人

Maxwell's demon　　マクスウェルの魔物　熱力学法則に反する分子の動きを説明するための仮想の生物。

maya　　神などの力

medicine man　　呪医

mediums　　霊媒

metempsychosis　　輪廻転生

monster　　怪物

necromancy　　降霊術　口寄せ

nether world　　冥界

nightmare　　夢魔

nirvana　　涅槃

nix　　水の精、水魔

numen　　神、精霊

numerology　　数秘術、数占い

nymph　　精霊

Oceanid　　海の精霊

od　　オド　磁気、化学作用を説明するため仮想された自然力

Odin　　アサ神族の支配者

ogre

ogress　　}　人食い鬼

Old Harry　　悪魔

Omnipotent　　全能の神

open sesame　　開けゴマの呪文

oracle　　神託、お告げ、啓示

oread　　山の精

Osiris　　冥界の王で死者を裁く神

ouija board　　ウィジャ盤　オカルト用具、心霊術の用具

out of body experience 体外離脱体験

transcendentalism　　超絶主義

palingenesis　　再生、復活

pantheism　　汎神論宇宙とその万物を超越的な神の顕現とみる思想

Pegasus　　天馬

pow wow　　呪術師

Prince of Darkness 悪魔

pseudoscience　　偽科学星占い、念力など科学的根拠の無い理論、法則

Puck　　いたずら好きの妖精

Purgatory　　煉獄

python　　悪霊にとりつかれた人

pythoness　　巫女、魔女

qi　　気

qi gong　　気功

quintessence　　エーテル

Ra　　太陽神ラー

radionics　　電子心霊現象研究

raise　　死者を生き返らせる　霊を呼び出す（虚動詞）

Redeemer　　救い主、キリスト

reincarnation　　再生、輪廻

resurrection　　死者の復活　よみがえり

rhabdomancy　　（オカルト）棒占い　地下の鉱脈、水脈を探り当てる

roc　　伝説上の鳥

Rumpelstiltskin　　小人

salamander　火の中に住むという伝説上の動物

sandman　砂男　目の中に砂を入れ子供を眠くするという民話の人物

Satan　悪魔

scientology　サイエントロジー　人間は無限の能力と善性を持つという信条の宗教

sea horse　①実名詞　タツノオトシゴ　②虚名詞　海馬　海神の車を引く怪獣

sea maid　人魚、海の精

sea serpent　巨大怪物、大海蛇

Serapis　エジプトの冥界神

Serpent　悪魔

shaman　シャーマン、まじない師

Shangrila　架空の地上の楽園

Shekinah　地上での神の象徴

Sheol　黄泉の国、地獄

Shiva　ヒンズー教の主神

Siegfried　巨竜を退治したドイツ伝説の英雄

Silenus　半獣神

Silvanus　境界の守護神

Siren　セイレーン　船人を歌で誘惑した海の精

Sol　太陽神

sorcerser　魔法使い

sorceress　（女性形）

sorcery　魔法、妖術

sortilege　くじ占い、魔術

soteriology　救済論　イエスキリストによる救済の教理

Soul　クリスチャンサイエンスの神

space warp　宇宙空間歪曲、瞬時に遠くに移動

spell　呪文、まじない文句

Sphinx　女の頭と胸、ライオンの胴、ワシの翼をもち旅行者に謎をかけた怪物

moly　モリュ　魔法の草

Spirit　精霊、妖精

spiritism　心霊主義の教義　儀式

sprite　妖精、小鬼

Stygian　三途の川

Styx　黄泉の国の川

succubus　女の夢魔

super naturalism　超自然力

Supreme Being　天帝、神

tachyon　タキオン　光より速い仮想の粒子

talaria　想像上の翼のついたサンダル

Tartarus　地獄、あの世

telekinesis　念動（オカルト）

psychokinesis

telepathy　テレパシー（オカルト）

Tempter　悪魔

teraphim　家の守護神

theurgy　プラトン派の神秘的呪術

thought transference テレパシー（オカルト）

tooth fairy　歯の妖精

trance　霊媒が神、死者からの交信を媒介する際の自失状態

transmigration　魂の輪廻

transubstantiate　聖体のパンとワインをキリストの肉と血に全質変化させる（虚動詞）

trickster　いたずら好きな妖精

troll　ほら穴や地下に住む巨人　いたずら好きな小人

Turing machine　チューリング機械　仮想上の万能計算機

Divine Being　神

divining rod ⎫
dowsing rod ⎭ 占い棒
水脈、鉱脈の発見に用いた

divinity　神性、神位天地創造の神

unicorn　一角獣

the unseen　　見えない
もの、霊界

uraeus　　聖蛇ウラエウ
ス　古代エジプト王の象徴
として王冠につけたエジプ
トコブラ形の記章

vampire　　ドラキュラ
吸血鬼

Venusian　　金星人

visitation　　超自然的な
力の現れ　天罰、災難

visiting　　幽霊の出現

voodoo　　ブードゥー教の
祈祷師　神体、呪術、黒魔術

magic wand　　魔法の杖

warp　　時間や空間を曲
げて移動すること

water nymph　　水の精

water sprite　　水の精

werewolf　　狼人間

whammy　　悪魔の目、
邪眼

white magic　　善の魔術

black magic　　悪の魔術

Wicca　　魔術崇拝

widget　　飛行機に故障

を起こす小妖精

witch　　魔女

wizard　　男の魔法使い

witchcraft
witchery ⎞魔法、魔術

wizardry　　呪術

wood nymph
wood spirit ⎞森の精

wyvern　　双脚で有翼の竜

ylem　　アレイム　全元
素の起源とされる物質

zombie　　悪霊によって、
生命を吹きこまれた死体

Chinese zombie　　キョ
ンシー　生返った死体

corpse candle
corpse light ⎞人魂

悪霊　　たたりをする死霊

雨竜（あまりょう）　　想像上の動物、竜
の一種

インドラ　　インドの雷の神

インフェルノ　　地獄

姑獲鳥（うぶめ）　　出産のために死
んだ女がなるという想像上
の鳥。

磯姫　　人の血を吸う海の

妖女

痘の神　天然痘を流行させる神

灼然　霊験あらたかなこと

伽那久羅虫　想像上の虫

火獄　イスラムにおける地獄

加持　仏が衆生を加護すること

河童　水陸両生、顔は虎に似、くちばしはとがり、甲羅がある想像上の動物。

髪切虫　結髪を切る魔力があるという想像上の虫

迦陵頻伽　雪山又は極楽にいるという想像上の鳥。

迦楼羅　インド神話の巨鳥。竜を憎んで食べるという。

寒苦鳥　インドの雪山にすむ想像上の鳥。

キジムナー　沖縄の妖怪。木の精霊。

行力　仏道や修験道を修行して得た功徳の力

徒口念仏　口先だけの念仏。

麒麟　①虚名詞　聖人の出る前に現れるという想像上の動物　②実名詞　実在する動物

奇御魂　不思議な力を持つ神霊

犬神　目に見えない憑きもの

倶生神　もとインドの神。人の生まれた時から両肩にあって善悪を記録するという。

口寄せ　巫女などが神がかりになって霊魂を呼びよせること

鳩槃荼　人の精気を吸う悪神。

共命鳥　一つの体に頭が二つあるという想像上の鳥。

雲の都　雲の中にある想像上の都。

功力　功徳の力、修行により得た力。

クリシュナ　ヒンドゥー教の神格

黒魔術　悪魔、悪霊の力を借りて他者に危害を加え

ること

鵁_{げき}　鵜に似て羽の色が白い想像上の水鳥。

験_う　仏道修行を積んだしるし。加持祈祷のききめ。

験者　霊験を表す行者。

験仏　霊験の著しい仏。

験力　ききめ、修験の行力。_{ぎょうりき}

降神術_{こうじん}　祈祷や呪法によって神を招き、乗り移った人に神の意志を述べさせたりする術。

鮫人　想像上の人、人魚の類。

香象　青色で香気を帯び、海を歩いて渡る想像上の象。

降伏_{ごうぶく}　法力によって仏敵を屈伏させること。

降魔_{ごうま}　悪魔を降伏すること

蛟竜_{こうりゅう}　まだ竜とならない蛟。_{みずち}

交霊　死者の霊魂が生きている者と交通すること。

穀霊　穀物の中にこもっていると信じられている神霊。

後生　死後再び生まれ変わること。

牛頭馬頭_{ごずめず}　地獄の獄卒。

木霊_{こだま}　樹木の精霊。

言霊_{ことだま}　言葉に宿っている霊威。

小人　想像上の小さい人間。一寸法師など。

コロポックル　アイヌ伝説の小人。

鯤_{こん}　想像上の大魚。

坤軸_{こんじく}　大地の中心を貫くと想像される軸。

金神_{こんじん}　陰陽道でまつる方位の神。

魂魄_{こんぱく}　魂、精霊

鵬_{ほう}　想像上の大鳥。

崑崙_{こんろん}　中国古代に西方にあると想像された高山。

西方浄土_{さいほう}　阿弥陀仏の極楽。

賽の河原_{さい}　冥途の三途の_{めいど}_{さんず}河原。

障の神_{さえ}　邪霊の侵入を防ぐ神。

蔵王権限　修験道の主尊。

幸御魂(さきみたま)　幸福を与える霊魂。

作神　農民の祀(まつ)る神。

三狐神(さぐじ)　田の守り神。

座敷童　旧家に住むと信じられている家の神。

須弥山(しゅみせん)　仏教の世界観で、世界の中心の高山。

三宝荒神　仏・法・僧を守護する神。

青(しい)　馬、牛を害する怪獣。

慈救(じく)　不動明王の呪文。これを唱えると願いがかなうという。

示現(じげん)　神仏が霊験を表すこと。

至上神　一神教では唯一神を、多神教では最高神をいう。

七観音　七種に変幻した観音。

七福神　七柱の福徳の神。

実者　本来的な神祇、鬼霊。動物神や怨霊。

四天王　四方を守る護法神。

死神　人を死に誘うという神。

四菩薩　大日如来の四隅の菩薩。

地母神　母なる大地の女神。

四魔　衆生を悩ます四種の魔。

邪気　病気などを起こす気。

邪鬼　邪悪な鬼、妖怪

石神(しゃくじん)　石を神体として祭った祠(ほこら)。

邪視　他人に病気や死を与える能力を持つ人のまなざし。

邪術　特定の人に害を与える呪術。

鯱(しゃちほこ)　想像上の海魚。

邪毒　邪気のある毒。

邪魔　仏道修行を妨げる悪魔。

十王　冥府で死者を裁く王。閻魔等。

獣身　魔物などが獣の体をとる。

十二神将　薬師如来の眷属。

十二天　バラモン教の神々が仏教に入り、密教では曼荼羅に配される。

十力　仏の有する十種の智力。

十六善神　十六の夜叉神。

宿執　前世からの執着。

祝融　中国で火を司る神。

呪詛　うらむ相手に災いが起こるよう神仏に祈願すること。

呪文　神秘的力をもつ文句。

呪力　呪術の元となる超自然的非人格的な力の観念。

嫦娥　中国古代の伝説で不死の薬を盗み飲み昇仙して月宮に入ったと伝える。

瘴気　熱病を生ずる山川の悪気。

鍾馗　疫鬼を退けるという神。

招魂　死者の魂を招き返すこと。

捷疾鬼　人の血肉を食らう夜叉。

猩猩　中国で想像上の怪獣。人語を解し、酒を好む。

生神女　正教会で聖母マリアのこと。

浄土　仏・菩薩の住む国。

浄玻璃の鏡　閻魔王庁で生前における善悪の所業を映し出す鏡。

照魔鏡　悪魔の本性を映し出すという鏡。

定力　禅定により得た神秘的能力。

精霊　死者の霊魂。

清涼池　涅槃を池にたとえていう。

女媧　中国古代の伝説上の皇帝　人面蛇身。

諸天　天上界に住み、仏、仏法を守護するという神々。

除霊　とりついた霊を祈祷で除く。

尻子玉　肛門にあると想

像された玉。河童に抜かれるとふぬけになるといわれる。

生霊・死霊〔いきりょう・しりょう〕　たたりをする怨霊

四輪　須弥山〔しゅみせん〕を支える層。

jinn　アラビア半島で信じられる霊的生物。通常は不可視、人間や動物、魔物の姿もとるとされる。

神威　神の威光、威力。

神易〔しんえき〕　神意で表れる占いのしるし。

真君　宇宙の主宰者、造化の神　すなわち天。

神権　神の権威、神から授かったと称する権利。

神語　神の言葉、お告げ、神託。

神樹　神霊のよると伝える樹木。

神獣　霊妙な獣。竜、鳳凰。

神占　神に祈って神意をうかがい、吉凶を予知すること。

神智学　人間に神秘的霊智があって、神を認識できるとする信仰、思想。

人智学　人間の霊的諸能力の開発を目指す。

神通力　何事でもなし得る力。

神統　神の系統、神の子孫。

神農　中国古代の伝説上の帝王。

神判　神意をうけてする裁判。盟神探湯〔くかたち〕はそのひとつ。

神秘主義　神、絶対者の実在に帰一融合できるという立場。

神力　神の威力、霊妙不思議な力

心霊現象　超自然的現象。

水鬼　水を司るという鬼。

垂迹〔すいじゃく〕　仏・菩薩などが衆生を救済するため現れること。

瑞獣　瑞祥として現れる獣。麒麟など。

水天　インド神話で天空を司る司法神、のちに水の神。

守宮神〔すくじん〕　宮殿、官庁の守

護神。

<ruby>宿<rt>すく</rt></ruby>世　過去の世、前世からの因縁。

涼しき道　極楽へ行く道

<ruby>呪詛<rt>ずそ</rt></ruby>の祓え　人ののろいを除く祈祷。

精衛　古代中国の想像上の鳥。

聖化　神の恩恵により義と認められ信仰を与えられた人間が聖霊を受けて愛に満ちた人格に成熟すること。

聖獣　神聖と見なされる動物。

聖霊　助け主。慰め主。

<ruby>赤松子<rt>せきしょうし</rt></ruby>　中国、上古の仙人。

<ruby>刹鬼<rt>せっき</rt></ruby>　人を殺し物をほろぼす恐ろしいもの。

前悪　前世の罪業。

仙界　仙人の住む所、仙境。

仙禽　仙界の霊鳥。

<ruby>先業<rt>せんごう</rt></ruby>　前世の善悪の行い。

仙術　仙人の術、不老不死、羽化登仙。

<ruby>蟾蜍<rt>せんじょ</rt></ruby>　月中にいるという蛙。

善所　来世に生まれる善い場所。

前世　前の世。

前身　この世に生まれる前の身。

善神　正法を守る神。福を与える神。

前世　前世界　有史以前の世界

仙丹　不老不死、仙人となる霊薬。

<ruby>雪隠神<rt>せんちがみ</rt></ruby>　便所の神。

仙女　女の仙人

仙人　山中に住み不老不死、神変自在の法術を有する人。

泉門　<ruby>黄泉<rt>よみ</rt></ruby>の入口。

仙薬　不老不死の仙人となる薬。

千里眼　遠くの出来事を感知する神秘的力。

<ruby>千里耳<rt>せんりじ</rt></ruby>　遠くの物音を感知する神秘的力。

創造主　神話や宗教で人間や世界を創り出した者。

造物主　宇宙間の万物を

造った者。天帝。

巣父（そうほ）　中国古代の伝説上の高士。

増益法（そうやくほう）　福徳、繁栄など現在の状態を積極的に増進させる修法。

ソーマ　インドの神。

息災法　災害や苦難を除き煩悩や罪業を消す修法。

襲国（そのくに）　神話伝説上の熊襲（くまそ）の本拠地。

祖霊　先祖の神霊。

巽二（そんじ）　風の神の名。

大元神（だいげんじん）　中世神道で万物や全ての神々の根元の神。

大権（だいごん）　仏・菩薩が衆生を救うために現れたものを尊敬していう。

泰山府君　中国で泰山の山神。人の寿命、福禄を司るとして道家で祀る。

大太法師（だいだぼうし）　巨人伝説の一つ。絶大な怪力を有し、富士山を一夜で作り、榛名山に腰かけ利根川で脛を洗ったなどの伝承がある。

太白神　陰陽道でまつる神。一日ごとに遊行方向を変える。

大鵬（たいほう）　一とびに九万里も飛ぶという想像上の鳥。

タイムスリップ　SFなどで瞬時に過去や未来に移動すること。

タイムトラベル　時間旅行。

タイムトンネル　過去や未来の異なる時空に通ずるトンネル。

タイムマシン　過去や未来に旅行する架空の機械。

ダイモニオン　ソクラテスが心内で聞いたという神霊からの合図。

大厄　最も気をつけるべき厄年。

第六感　五感の他にあるとされる感覚。鋭く物事の本質をつかむ心のはたらき。

ダウジング　地下の水脈、鉱脈を振子や棒で探ること。

高津神　　高空を飛行して災いを与えるという神。

荼吉尼天　　夜叉の類で女性の悪鬼。

滝祭神　　水を司るという神。

堕獄　　現世の悪業によって死後地獄へ落ちること。

多生の縁　　前世からの因縁。

奪衣婆　　三途の川のほとりにいるという鬼婆。

堕天使　　天使だったが神に反逆して悪魔となったもの。

狸憑き　　狸が人間に憑くという俗信。

田の神　　稲作と田を守護する神。

玉桂　　月の中にあるという桂の樹の称。

霊幸う　　霊力を働かす、霊力で加護する。

霊代　　神、人の霊の代わりとして祭るもの。

大玉　　漁網に宿る霊。その祭祀の対象になる浮子。

鬼ヶ島　　鬼が住んだという想像上の島。

手向けの神　　旅人が道中の安全を祈る神。

丹薬　　不老不死の仙薬。道士の作った煉薬。

知死期　　陰陽道で、月の出入りと潮の干満の時刻から予知される死期。

幸ふ　　神の威力が働く、加護がある。

道触の神　　陸路、海路を守護する神。旅行の時、安全を祈った。

道祖神　　道路の悪霊を防いで行人を守護する神。

魑魅魍魎　　山や川の怪物。様々の化物。

茶神　　茶の神として祭る中国の陸羽の像。

チャネリング　　霊界や宇宙などと交信すること。

仲保　　神と人との和解を仲介すること。

超自然主義　　知覚不能な超自然的実在を特別な認識

能力や神の啓示によって説明しようとする学説、信仰。

調法　　調伏の呪法。

鴆（ちん）　　一種の毒鳥、羽をひたした酒を飲めば死ぬという。

鎮護国家　　仏法によって帝王国土を守護すること。

鎮魂　　魂を落ち着け 鎮めること。

沈鐘　　池や沼の底に沈んでいるという伝説の鐘。

鎮宅法（ちんたくのほう）　　新築の家屋へ移転する時に行う呪法。

追儺（ついな）　　大晦日の夜、悪鬼を払い疫病を除く儀式。

通力　　超人間的で不思議な力。

憑物（つきもの）　　人にのりうつったものの霊。

付喪神（つくもがみ）　　器物が100年を経過すると宿るとされる精霊。

月読（つくよみ）　　月の神。

テレパシー　　精神が他人の精神に伝達されること。実証はされていない。精神感応。

天　　造物主、帝、神。

天為　　天のなすところ、神の心。

天鼓（てんく）　　忉利天（とうりてん）にあるという鼓。打たなくても妙音を発し、悪を慎ませるという。

天狗　　想像上の怪物。人の形をし、顔赤く、翼があって神通力を持ち飛行自在で団扇（うちわ）を持つという。

天啓　　天の導き。天が真理を人間に示すこと。

天神　　天界に住み仏法を守る神。

天祖　　天皇の神話的な祖先。

天地神明　　天地の神々。

天柱　　天が落ちないよう支えているという柱。

天帝　　天にあって宇宙を主宰する神。

天道（てんとう）　　天地を主宰する神。

天童　　鬼神又は天人が少年の姿をとって人界に現れたもの。

天女　　天上界に住むという女。女性の天人。

天人　　天界に住む神々。

天の網　　自然の制裁。天罰。

天馬　　天に住むという馬。

天罰　　天のくだす罰。悪事のむくい。

洞天福地　　仙人の住むところ。

とうびょう　　憑きものの一種。小さい蛇か狐で、個人に憑くという。

当来導師　　来たるべき世に出現する導師、弥勒菩薩。

土公神　　陰陽道で土を司る神。

毒竜　　毒気ある竜。祟りをなす。

地主の神　　土地を主宰する神。

常世の国　　①古代、海の彼方にあると想定された国。②不老不死の国。③死人の国。

年神　　五穀を守る神。

歳徳神　　暦注で、福徳を司る神。

年の神　　大年神、御年神など。

毒鼓　　毒を塗った鼓。その音を聞く者はみな死ぬという。

（虚動詞）取り殺す　　亡霊・生霊などがとりついて殺す。

（虚動詞）取り付く　　神仏・霊魂などがつく。憑依する。

ドレイク方程式　　地球外文明の数を推定する方程式。

天一神　　暦神、十二神将の主将。

なめそ　　漁夫の恐れる怪魚。鮫の一種で、これに舟を泳ぎ越されると、鉈で切らないと舟が沈むといわれる。

納戸神　　納戸にまつられる神。

新精霊　　新盆にむかえる精霊。

日精　　太陽の精。

娘娘　　中国、女性神。

如意宝珠　　あらゆるものを願いのままに出現させ

る珠。仏や仏説の象徴とされる。

女護島（にょごのしま）　女人だけが住むという想像上の島。

ニライカナイ　海の彼方にあると信じられている楽土。年ごとに神が訪れ、豊穣をもたらす。

人魚　上半身が人間、下半身が魚の想像上の動物。

猫又　猫が年老いて尾が二つに分かれ、よく化けるといわれるもの。

根の国　地底深く、また海の彼方など遠くにあり、現世とは別にあると考えられた世界。死者がゆくとされた。

涅槃（ねはん）　煩悩をなくして絶対的な静寂に達した状態。仏教における理想の境地。

念写　心に思念した内容をフィルムに感光させること。心霊現象の一つ。

念動　強く念ずることによって遠くの物を動かすこと。心霊現象の一つ。サイ

コキネシス。

農神　農作の神。田に祭る。

バアル　古代シリア、パレスチナの神。

背後霊　人の背後に取りついているとされる霊。

袴垂（はかまだれ）　平安時代の伝説上の盗賊。

魄（はく）　たましい。

獏　①実在する動物　②中国の想像上の動物。人の悪夢を食う、皮を敷いて寝ると邪気を払うという。

白沢（はくたく）　中国で、想像上の神獣。人語を話し、万物の情に通じる。

化物　狐、狸（たぬき）、猫などが化けて怪しい姿をしたもの。

藐姑射の山（はこやのやま）　中国で不老不死の仙人が住むという山。

羽衣　天人が着て自由に飛行するという薄く軽い衣。

蓮の上（はちす）　極楽浄土のこと。

蓮の中の世界（はちす）　極楽世界

八大地獄　苦を受ける八種の地獄。

八大童子　　不動明王、文殊菩薩の使者および眷属である八童子。

祓除（ばつじょ）　　けがれや災いを除くこと。

八将神　　暦の吉凶を司るいう八神。

八所御霊　　疫病や天災をもたらすとして畏怖された八人の霊。

八神　　天皇の身を守護する八柱の神々。

八仙　　中国の民間伝承の八人の仙人。

八柱　　八方の地域にあって天を支えるという想像上の柱。

ハヌマーン　　ヒンドゥー教の神猿。

破魔　　悪魔を破滅すること。煩悩を絶ち切ること。

葉守の神（はもり）　　樹木を守護する神。

祓（はらえ）　　災厄、汚穢（おわい）、罪障などを除き去るために行う神事。

針の山　　地獄にあるという、針をいっぱいに立て並べた山。

五五八八（ごごはちはち）　　陰陽家の説で、人の死ぬ時刻を示した語。

狼男　　伝説上の怪物。昼間は男だが月を見ると狼に変身する。

反魂香（はんごんこう）　　たけば死者の姿を煙の中に現すという想像上の香。

磐次磐三郎（ばんじばんざぶろう）　　伝説で、狩人の元祖といわれる兄弟。

一言主神（ひとことぬしのかみ）　　葛城山に住み、吉事も凶事も一言で表現するという神。

人魂　　夜間に空中を浮遊する青白い火の玉。古来、死人の体から離れた魂といわれる。

一つ目小僧　　額に目がひとつだけの怪物。旧暦の二月八日と十二月八日に訪ねて来るといい、目の粗い籠でこれをおどす風習がある。

人捕り　　人を捕らえて食

うという怪物。

火鼠　　中国の想像上の動物。その皮で火鼠のかわぎぬを織るという。

火の車　　地獄にあるといわれる火の燃えている車。獄卒が罪ある死者を乗せるという。

飛鉢　　僧が験力を発揮して鉢を自在に空中に飛ばして托鉢をすること。水瓶を飛ばす飛瓶と共に僧の験力を象徴する神異。

火伏せ　　火災を防ぐ仏神の神通力。

比目の魚（ひ もく）　　目がおのおの一つしかなく、二匹並んで泳ぐという想像上の魚。

百鬼夜行（ひゃっきやこう）　　さまざまの妖怪が列をなして夜行すること。

憑依（ひょうい）　　霊などがのりうつること。

病鬼　　人体に病気を起こさせるという鬼。

兵破（ひょうは）　　魔性を射る破邪の矢。

病符　　陰陽道で病気と災難を司るという神。

比翼の鳥　　伝説上の鳥で、雌雄各一目、一翼で常に一体となって飛ぶもの。

貧乏神　　人を貧乏にさせると信じられている神。小さく、やせこけて青ざめ、悲しそうに立つという。

風鬼　　風の神。

風神　　風を司る神。日本では一般に雷電と対をなして天空を馳ける鬼体を表す。

フェアリー　　仙女、妖精。

フェニックス　　エジプトの伝説的霊鳥。アラビアの砂漠に住み、500年生きると、巣の中に火をつけ焼け死んだのち生まれ変わるという。不老永世の象徴。

福神　　財物に恵まれる幸せを授ける神。福の神。

伏魔殿　　悪魔の隠れる殿堂。

巫覡（ふ げき）　　神と人との感応を媒介する者。神に仕えて吉

凶を予言する者。女を巫、男を覡という。

巫蠱（ふこ）　まじない、人を呪うこと。

不死の薬　飲めば死なないという仙薬。

符呪　まじない。

不成就日　陰陽道で、何事を始めても成就しない凶日。

プタハ　古代エジプトの創造神。職人集団の守護神。

仏国　仏の国、すなわち浄土。菩薩の誓願と修行によって浄化された国土。

仏性　一切衆生が本来持っている仏になる可能性。

仏神　仏と神。

仏土　仏の住む国土。浄土。仏の教化する国土。

仏力　仏の持つ威力又は功力。

船幽霊（ふなゆうれい）　海難者の幽霊。

プネウマ　古代ギリシア哲学で、万物の根源、生命の原理。

付憑　怨霊、悪魔などがとりつくこと。

プラーナ　インド哲学で、宇宙にみなぎる生命力としての気。生気。

フランケンシュタイン　怪奇小説上の人造人間。

プランセット　心霊研究に用いる、二個の脚輪と一本の鉛筆で支えた板。この板に手をのせた人の意思を鉛筆が自動的に書くとされる。

分霊　ある神社の祭神の霊を分けて他の神社に祭ること。また、その神霊。

ペーパーカンパニー　登記書類上は存在するが、経営実体の無い会社。

空出張　実際には出張しないのに、旅費や手当を受け取るために出張したと偽る不正。

蛇神憑き　蛇の霊にとりつかれたという精神錯乱。また、その人。

変化（へんげ）　神や仏が仮に人の姿となって現れること。

権化　動物などが姿を変えて現れること。

辺獄　カトリック教会で、洗礼を受けずに死んだが地獄に定められてはいない者が救いを待つ、地獄の周辺の場。

遍照　仏の光明が、あまねく世界を照らすこと。

法威　仏法の威力。

方忌　陰陽道で、方角の塞がっているのを忌むこと。

鳳凰　想像上の瑞鳥。

箒神　出産の時立ち合うという神。

法験　修法によって現れる効験。

亡魂　死んだ人の魂。亡霊。

方士　神仙の術、方術を行う人。道士。

方術　神仙の術。

法術　陰陽師の用いる術。

亡心　亡霊。

方祟り　悪い方角を忌まなかったことによる災難。

方伯神　陰陽道で方位を司るという神。この神の在る方位を忌む。

方便力　仏が方便によって衆生を導く力。方便が有する教化の力。

三神山　中国で、仙人の住むと伝えられた三山の総称。

蓬萊洞　仙人の住むという宮殿。

亡霊　死者の魂。

火結神　火の神。

火焼け地蔵　火傷や火災に霊験がある地蔵。

ポルターガイスト　物理的原因なしに家具が動いたり音をたてたりする現象。

ポワ　密教の行法で、自らの死を予期し、意識を浄土などに移すこと。

魔　修行や善行の妨害をなすもの。不思議な力を持ち、悪事をなすもの。

魔炎　悪魔の起こす火災。

魔縁　修行などを妨害する魔のはたらき。

魔王　魔物、悪魔の王。

魔界　　悪魔の世界。

魔魁（まかい）　　悪魔の首魁。妖怪のかしら。

禍神（まがかみ）　　災いをなす神。

魔境　　悪魔のいる所。

魔鏡　　魔力を持つ鏡。

枕神　　夢枕に立つという神。

麻姑　　中国伝説の仙女。長寿で、滄海が桑田に変わるのを三度見たという。

（虚動詞）蠱（まじく）る　　まじないをして災いにかからせる。

魔障　　仏道修行を妨げる悪魔のさわり。

蠱事（まじわざ）　　のろいごと。まじない。

魔神　　魔の神。災いの神。

摩多羅神　　常行三昧堂の守護神。

祭り祓（はらえ）　　病気平癒のため陰陽師のする祓。

魔笛　　魔法の笛。

魔道　　悪魔の道、世界。

魔除け　　魔性のものを避けるための物。護符。

魔法　　魔力をはたらかせ不思議なことを行う術。

魔魅　　人をたぶらかす魔物。

迷い神　　人を迷わすという神。

守り神　　守ってくれる神、守護神。

魔力　　人を迷わす妖しい不思議な力。

曼珠沙華　　天上に咲くという花。

未確認飛行物体　　存在や実体が確かめられていない物体。

（虚動詞）身固め　　身体が強くなるように加持をすること。

見越入道　　首が長く、背丈が非常に高い入道姿の化物。屏風などのかげに現れ、後ろからのぞきこむという。

御先神（みさきがみ）　　神の先駆として非常の際現れる動物。烏や狐の例が多い。

蛟（みずち）　想像上の動物。蛇に似て、四脚を持ち、毒気を吐いて人を害するという。

水の神　水を司る神。

御霊（みたま）　神の霊、神霊。

道の神　道路、旅行の安全を司る神。さえのかみ。

三つの道　地獄、餓鬼、畜生の三悪道。三途。

御諸（みもろ）　神の鎮座するところ。神木、神山、神社など。

冥加　目に見えぬ神仏の助力。

冥感　信心が神仏に通ずること。

冥見　目には見えないが、神仏が常に衆生を見て守護すること。

冥罰　神仏が人知れず下す罰。

ムー大陸　太平洋に存在したとされる空想上の大陸。

無縁　前世において仏・菩薩に因縁を結んだことのないこと。

迎えの雲　臨終の際、仏などが乗って迎えに来るという紫の雲。

夢幻　夢とまぼろし。実体が無く、無情ではかないことをたとえていう語。

無常鳥　冥途にいるという鳥。

産霊（むすび）　天地万物を生む霊妙な神霊。

結の神（むすび）　男女の縁を結ぶという神。

夢魔　夢に現れる悪魔。

迷魂　迷って浮かばれない亡者の魂。

冥婚　死者同士あるいは死者と生者との儀礼的結婚。死者の霊の慰撫、法的地位の継承、財産の相続等のために行われる。

冥土　死者の霊魂が行く道。また、行きついた世界。

女鬼（めおに）　女の鬼または目のない怪物。

女神　女性である神。

馬頭（めず）　地獄にいるという、頭は馬で身体は人の獄卒。

滅鬼積鬼（めっきしゃっき）　地獄の鬼の名。

滅度　涅槃のこと。悟りを得て輪廻の苦しみがなくなること。

申し子　神仏に祈ったおかげで授かった子。神仏など霊力を持つものから生まれた子。

亡者船　盆に出漁すると現れるという亡者の乗った船。船幽霊。

物忌（ものいみ）　不吉として、ある物事を忌むこと。縁起をかつぐこと。

物憑き（ものつき）　物の怪（け）にとりつかれること。また、その人。

物の怪（け）　死霊、生霊などがたたること。その死霊、生霊。

物の諭し　神仏のお告げ。凶事の予兆。

モノポール　磁極のN極又はS極のどちらか一方だけをもつとされる仮想的な粒子。未発見。磁気単極子。

宅つ神（やか）　家を守護する神。

厄落とし　厄難をはらうため神仏に参ったり金銭をそっと捨てたりすること。

厄神（やくじん）　災厄をなすという悪神。

厄祟り　災厄にたたられること。

厄年　人の一生のうち、厄にあうおそれが多いから忌み慎まねばならないとする年。

厄払い　神仏に祈るなどして、厄難をはらうこと。

疫病神　疫病を流行させるという神。

屋敷神　屋敷内に祭る神。地主神。

夜叉（やしゃ）　インド神話で、森林に住むとされる神霊。

病田（やまいだ）　その田で耕作すると病気やけがをすると伝えられる田。

山姥（やまうば）　深山に住み、怪力を発揮するという伝説的な女。

山神　山を守る神。

山子　山中に住むという

妖怪。山の精気の凝ったもの。

山祇（やまつみ）　山の霊。山の神。

山姫　山を守り、司る女神。

ヤハウェ　イスラエル人が崇拝した神。万物の創造主で統治者。

山童（やまわろ）　山に住む大きな猿のような想像上の動物。

幽界　死後に行くという世界。黄泉。冥土。

ユートピア　どこにもない良い場所。想像上の理想的な社会。

幽霊　死んだ人の魂。亡者。比喩的に、実際には無いのに有るように見せかけたもの。

幽霊会社　法的な手続を踏んでいない名前だけの会社、又は名前だけ登録して実際の活動が行われていない会社。詐欺の手段に使われる。

雪男　ヒマラヤ山中に住むと伝えられる正体不明の動物。人に似て直立し、全

身が毛で覆われているという。イエティ。

雪女　大雪の夜に出るという雪の精。白い衣を着た女の姿で現れるという。

湯の神　温泉の神。

弓矢神　弓矢を司る神。

夢の告げ　神仏が夢枕に立ってお告げになること。夢のさとし。

妖怪　人知では解明不能な奇怪な現象、異様な物体。ばけもの。

影向（ようごう）　神仏の来臨。

妖術　あやしいわざ、魔法。幻術。当人の意図にかかわりなく、その人の持つ特別な力によって危害をもたらすとされる呪術。

妖星　災害の兆しとして現れると信じられた星。彗星又は火球をいったもの。

妖精　西洋の伝説、物語に見える自然物の精霊。美しく親切な女性の姿などをとる。

妖厄神（ようやくじん）　災いや病気をも

たらす神。

夜泣石（よなきいし）　夜になると泣き声が聞こえるという類の伝説を持つ石。小夜の中山の夜泣石は古くから有名。

黄泉（よみ）　死後、魂が行くという所。

依代（よりしろ）　神霊が招き寄せられて乗り移るもの。樹木、岩石、御幣、神籬（ひもろぎ）などの有体物で、これを神霊の代わりとして祭る。

寄弦（よりづる）　巫女などが口寄せに際し梓弓の弦を鳴らして神を降すこと。

憑坐（よりまし）　神霊が取り付く人間。祈祷師が神霊を招き寄せて乗り移らせたり託宣を告げさせたりするために伴う霊媒としての女性や童子。

雷鼓　雷神が背に負うという太鼓。雷の鳴る音。

来迎（らいごう）　臨終の際、仏・菩薩が迎えに来ること。

来降（らいごう）　神仏が地上に降りてくること。降臨。

雷獣　想像上の怪物。風雨にあうと猛烈となり、雲に乗って飛行し、落雷と共に地上に落ち、人畜を害する。

雷神　雷電を起こす神。鬼のような姿をして太鼓を背負い、手にばちを持つ。

来世　死後の世界。後世。

来訪神　彼方から豊穣を携えて訪れるという神。

雷斧（らいふ）　石器時代遺物の石斧（せきふ）などを、落雷などの際に天空より降りたと考えたもの。東西を問わず広くあった考え。雷の鉞（まさかり）。

鸞鳥（らんちょう）　中国の想像上の鳥。鶏に似て、羽の色は五色、声は五音に合うと伝えられる。

離魂病　魂が肉体から抜け出し、もう一人同じ人間が現れると考えられていた病気。

竜　想像上の動物。ドラゴン。

竜王　竜族の王。仏法を

守護するものとされる。雨を祈る本尊とする。

竜宮　　深海の底にあって龍神の住むという宮殿。

竜女（りゅうにょ）　　竜宮にいるという仙女。

ご利益（りやく）　　神仏の力で授かる利福。

霊病（りょうびょう）　　生霊・死霊などがとりついてなる病。

輪廻転生　　迷いの世界で何度も生まれ変わること。

ルシフェル　　最高位の堕天使。サタン。

留守神　　神無月に出雲に行かないで留守を守る（かんなづき）といわれる神。

霊界　　霊魂の世界。死後の世界。

霊感　　神仏の霊妙な感応。神仏がのりうつったような不思議な働きをもつ感じ。

癘気　　熱病などを起こさせる邪気。

癘鬼（れいき）　　流行病などを起こさせる悪神。

霊験　　神仏などの通力に現れる不思議なしるし。祈願に対する霊妙な効験。

霊魂　　肉体の他に精神的実体として存在すると考えられるもの。たましい。

霊能者　　日常の世界と神霊の世界を結びつける資質を持った宗教的職能者。預言者、シャーマン、霊媒など。

霊媒術　　霊媒の媒介によって死者と生者が意思を通じあう術。

霊夢　　神仏のお告げが現れる不思議な夢。

霊木　　神霊の宿るという木。

煉丹（れんたん）　　中国で道士が辰砂（しんしゃ）をねって不老不死の薬を作ったこと。

六牙の白象　　六本の牙がある白象。釈尊の入胎の象徴。母摩耶夫人はこれが胎内に入るのを夢見て懐妊したという。

六神通（ろくじんずう）　　仏・菩薩などが

具える六種の神通力。

轆轤首　首が非常に長く
自由に伸縮できる化物。ま
た、その見世物。

ロムルス　伝説上のロー
マの建国者。

渡り川　三途の川。

幽宮　神霊の鎮まる宮
殿。

桂　中国で、月中にあると
いう想像上の樹。

桂男　月に住むという仙
人。

地縛霊　その土地に特別
な因果関係のある死霊。

鎌鼬　知らずに切傷ので
きる現象を、架空の動物の
しわざと考え、この名があ
る。

虚名詞は無数に有るので、
一部のみ抜粋した。

科学史上の虚名詞

科学は常に虚名詞と闘ってきた。今後も続く。

熱素　　　　　　熱を一種の元素と考えてラヴォアジェが
　　　　　　　　命名。1790年代、ランフォードの実験で、
　　　　　　　　否定された。

フロギストン　　燃焼という現象が正しく理解されるまで
　（燃素）　　　用いられた仮想の物質。化学者シュター
　　　　　　　　ルの発案。
　　　　　　　　ラヴォアジェによって存在が否定された。

惑星ヴァルカン　1859年、フランスのユルバン・ジャン・
　　　　　　　　ジョーゼフ・ルヴェリエによって存在が提
　　　　　　　　唱された、水星の内側にあるとされた惑星。

マイナスイオン　日本の家電製品広告に濫用された虚名
　　　　　　　　詞。「科学っぽさ」を演出した。

ミアスマ　　　　古代ギリシアから、疾患の原因として、
　（瘴気）　　　ミアスマ、四体液（血液、粘液、黄胆汁、
　　　　　　　　黒胆汁）の不調といったもので説明され
　　　　　　　　ていた。病理学の発展に伴い、虚名詞で
　　　　　　　　あることが判明。

エーテル　　　　ホイヘンスが光の伝播を媒介する物質と
　　　　　　　　して仮定したが、相対性理論により存在
　　　　　　　　が否定された。

永久機関　　　　経験上、不可能と判明しているもの。外から
　　　　　　　　エネルギーをもらわず、いくらでも仕事ので
　　　　　　　　きる装置。エネルギー保存則に反するもの。

虚名詞を含む実名詞

ペガサス座（星座としては実名詞）、竜骨座（星座）、竜座（星座）、エンゼルフィッシュ（魚）、テングダケ（植物）、テングザル（動物）、鳳凰座（ほうおう）（星座）、タスマニアンデビル（動物）、デビルフィッシュ（エイ、タコ）、鍾馗蘭（しょうきらん）（植物）、Angel's trumpet・キダチチョウセンアサガオ（植物）、土竜（もぐら）（動物）、dragonfly・トンボ（昆虫）

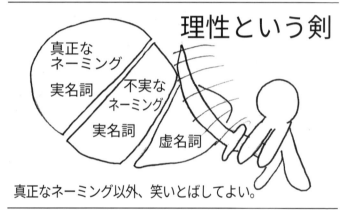

真正なネーミング
実名詞

不実な
ネーミング
実名詞

虚名詞

理性という剣

真正なネーミング以外、笑いとばしてよい。

ミス漢字　漢字という表意文字特有のミスネーミング

実体をうまく表していない表現形式

鮑（あわび）（貝類）　章魚（たこ）（軟体動物）

蝙蝠（こうもり）（哺乳類）　鯨（くじら）（哺乳類）　鰐（わに）（爬虫類）

鱟魚（かぶとがに）（節足動物）

おまじない、呪文、ヘンな風習、野蛮な風習

科学的無知の時代、原始人は様々な占いやおまじないを定着させた。現代人であれば誰でも笑える風習。

綾子（あやっこ）　　×印のことで、魔除けのしるし

生まれた子を初めて宮参りさせる時、額に魔除けとして「×」「大」「犬」としるしを書く風習。

犬の子(いんのこ)　　①邪を払うために子供の額に「犬」の字を押すまじない。

②子供がおびえた時に唱える呪文。

親の唾（つ）　　小児の傷口を癒やすためのまじない。唱えながらつばをつける。

木呪（きまじない）　　小正月の行事。果樹に頼んだりおどかしたりして豊熟を誓わせるまじない。刃物を持って木に向かって「成るか成らぬか」と問い、木の陰で「成ります成ります」と木に代わって言う。

急急如律令（きゅうきゅうにょりつりょう）　　悪魔を退散させる呪文。

禁厭（きんよう）　　病気や災害を防ぐまじない。

九字　　護身の秘呪として用いる九個の文字。「臨兵闘者皆陣列在前」の九字の呪を唱え、指で空中に縦に四線、横に五線を書けば、どんな強敵も恐れないという護身の法。

くそを食らえ	くしゃみをした時、魂が飛び出すのを防ぐといって、まじないに唱えた言葉。
桑原 （くわばら）	雷鳴の時、落雷を避ける呪文として用いる語。
甑落とし （こしき）	皇子、皇女出産の時まじないとして御殿の棟から甑（こしき）（器）を落とすこと。
衣を返す	着物を裏返して着る。愛する人に会いたい時、まじないとして行った。
請雨法 （しょううう）	密教で旱魃のとき降雨を祈祷する修法。
猿回し	猿は馬の病気を防ぐという俗信から、大名屋敷では馬小屋で舞わせた。
慈救 （じく）	不動明王の呪文。唱えると災害が避けられ願いがかなうという。
十字	道家から出た呪法。 天・竜・虎・王・勝・是・命・鬼・水・大の十字を場合に応じて手中に指先で書き、握れば禍を除き福を得るという。
十字を切る	キリスト教徒が神に祈る時、手で顔と胸の前に十字を描く。
呪願	祈りの言葉を唱えて仏、菩薩の加護を願うこと。
呪禁 （じゅごん）	まじないをして物怪（もののけ）などをはらうこと。
雪駄の裏に灸 （せった）	長居の客を帰らせるまじない。
袖もぎ様 （さん）	民間信仰的な路傍の神。その前で転んだら片袖をちぎって置いてこないと災難があるという。

ちゃせご	（宮城県で）正月十四日の夜の行事。厄年の人が厄難を逃れるため七軒から餅や銭をもらい集める。
茶断ち	神仏などに願掛けをする時、ある期間又は一生茶を飲まないと誓うこと。
追儺 （ついな）	宮中の年中行事の一つ。大晦日の夜、悪鬼を払い疫病を除く儀式。鬼に扮した舎人を、内裏の四門をめぐって追いまわす。
	大舎人長が鬼を払う方相氏の役をつとめ、黄金四つ目の仮面をかぶり、黒い衣に朱の裳を着け、手に矛、楯を持つ。これを大儺（たいな）といい、紺の衣に緋の末額（まっこう）を着けて大儺に従って駆け回る童子を、小儺（しょうな）と呼ぶ。殿上人は桃の弓、葦の矢で鬼を射る。
盟神探湯 （くかたち）	神明裁判の一種。古代、真偽正邪を裁くのに神に誓って手で熱湯を探らせたこと。正しい者はただれず、邪（よこしま）な者はただれるとする。
槌引 （つちひき）	同年内に二人死人があった場合、三人目の続くのを怖れて行うまじない。二回目の葬式の際、槌を作り、これを加えて三人とし、槌の墓も別に設ける。近畿地方でいい、関東では槌松という。
ちゃぐちゃぐ馬こ	飾り立てた農耕馬を神前に集め、無病息災を祈る。岩手県の行事。

弦打 （つるうち）	物怪などを退散させるまじないとして、弓弦（ゆづる）を引いて鳴らすこと。また、その人。
道具の年取り	正月 14 日、道具も年を取るとして、農具等日常使っている道具類に供え物をして年取りを祝う習俗。
とおかみえみため	亀甲の裏に刻んだ線。五つの線を焼いて占う。表にあらわれたひび割れの形で吉凶を判ずる。禊教（みそぎきょう）など一部の神道教派が祈祷の時に唱える語。
年銭 （としせん）	厄年の人が四辻などに自分の年の数だけ金銭を投げ捨てて厄落としをする習俗。また、その金銭。
戸窓塞ぎ （とまどふさ）	節分、年越しの晩に、悪神の侵入を防ぐためイワシの頭を豆の木に刺して、ヒイラギの木などとともに戸口に挿す行事。東北地方の行事。
流れ灌頂 （かんじょう）	川辺に棚を作り布を張って、柄杓を添え、通りかかった人に水をかけてもらう風習。お産で死んだ女の人の霊を弔うためのもので、布の色があせるまで、又布が破れるまで亡霊はうかばれないという。
流れ仏	水死人。溺死体。漁民はこれに合うと大漁があるといって喜び、厚く弔う習俗があった。
投げ櫛 （くし）	櫛を投げること。絶縁することや不吉なものを意味するとして忌み嫌った。

撫仏 <small>なでぼとけ</small>	病気の患部に相当する像の部分を撫でた手で自分の患部を撫でれば、病気が治るという俗信がある。
七種爪 <small>ななくさづめ</small>	正月七日に、邪気を払うとして七種粥 <small>がゆ</small>の汁やなずなを浸した水をつけて爪を切る風習。
七草の囃し <small>はや</small>	七草の祝に、俎<small>まないた</small>になずな又は七草や台所のすりこぎ、杓子などを載せ、吉方<small>え ほう</small>に向かい「唐土<small>とう ど</small>の鳥が日本の土地へ渡らぬ先になずなななくさ」または「唐土の鳥と日本の鳥と渡らぬ先に、ななくさなずな手に摘み入れて」などと唱え、囃し<small>はや</small>ながら、それらを叩く習俗。
海鼠曳 <small>なまこひき</small>	東北地方で小正月に行う行事。子供達が「もぐらどん内にか、なまこどんのお通りだ」などと唱えながら、海鼠を縄の先に結んで、屋敷の周囲や田畑などを曳いて回る。
西海へさらり <small>にしのうみ</small>	厄払いの言葉。悪事、凶事、災厄などを払い、西の海へ流してしまう意。
二十三夜	陰暦二十三日の夜。この夜、月待をすれば願い事がかなうという信仰があった。
人形送り	農作物の除虫、悪疫を祓う目的でわら人形などを形代<small>かたしろ</small>として作り、大勢ではやし立て、村はずれまたは山川などに送り出す行事。

獏の札 <small>ばく</small>	獏の絵を描いた札。夜具の下に敷いて悪夢を見ないまじないとした。
鉢巻石	石の周囲を白や黒の筋が一周しているもの。家に置くと病人が絶えないとか親を巻き殺すとかいって忌む。
ハロウィン	諸聖人の祝日の前夜（10月31日）に行われる祭り。ケルト的伝統に起源を持つ収穫祭で、魔除けの意味を持つ。
柊挿す <small>ひいらぎ</small>	節分の夜に魔除けのために鰯の頭を付けた柊の枝を門口に挿す。
蟇目の神事 <small>ひきめ</small>	鏑矢を射放つ神事。目的は魔・死霊の祓除、年初の予祝、病気祈祷、祈雨、止雨など多岐におよぶ。
人柱	難工事の時、神の心を和らげ完成を期すための犠牲として、人を水底、土中に生き埋めにすること。また、その人。
丙午 <small>ひのえうま</small>	干支の第四十三で、十干の「ひのえ」と十二支の「うま」に当たる年、この年には火災が多いとする。また、この年生まれの女は夫を殺すという迷信がある。
瓢簞送り <small>ひょうたん</small>	山口県で、五月の端午の節供の日に農耕したり機を織ったりした者に対する村の制裁。瓢簞や使用した道具などを背負わせ、村追放に処したという。類似の禁忌は各地にある。
縁叩き <small>へりたたき</small>	蜑が潜水する際に行うまじない。舟縁

または桶の縁を蟇金で三度叩き、ある
いは願文を唱える。

反閇<ruby>反閇<rt>へんばい</rt></ruby>　　貴人の出行などの時、陰陽師の行った
呪法で、特殊な足の踏み方。邪気を払
い正気を迎え、幸福を開くためのもの
という。

方位除け　　方向に、陰陽、五行、十干十二支など
を配し、その吉凶によって禍福が支配
されるとする民間信仰で、表される星
回りの凶を避けること。
また、そのためのお祓い。

<ruby>勃嚕唵<rt>ぼろん</rt></ruby>　　密教で唱える真言の一つ。仏の<ruby>獅子吼<rt>ししく</rt></ruby>
に<ruby>譬<rt>たと</rt></ruby>えられ、悪霊を鎮める力があると
された。

<ruby>魂結び<rt>たまむすび</rt></ruby>　　霊魂のうかれて歩くのを鎮めるまじ
ない。

<ruby>枡打<rt>ますうち</rt></ruby>　　会津地方で、人が死にかかった時、子
供が神かくしにあった時、屋根に登っ
て枡を掻いたり打ったりすること。

<ruby>魂呼ばい<rt>たまよばい</rt></ruby>　　死者の魂を呼びもどす儀式。死者があ
ると屋根に登って衣服を振りながら
大声でその名を呼ぶなどの習俗が広
く行われた。

<ruby>水零しの祝<rt>みずこぼ</rt></ruby>　　仙台地方で、一二月<ruby>朔日<rt>ついたち</rt></ruby>の行事。炉の
四隅に生豆腐を串にさして立て、それ
に水をかけて防火のまじないとした。

耳塞ぎ （みみふた）	同齢者が死んだ際、災いが身に及ぶことを怖れ、鍋の蓋や草鞋（わらじ）、餅、団子などで耳を塞ぐまじない。
宮籠り （みやごも）	祈願などのために神社に籠もること。
虫の口焼	節分の晩の行事。鰯の頭、毛髪、唐辛子など臭気の強いものを焼きながら、虫除けの呪言を唱える。
虫封じ	子供に虫気が起こらないようにまじないをすること、また、その護符。
鳴弦 （めいげん）	弓の弦を引き鳴らして妖魔をはらうまじない。天皇の入浴、病気、出産、夜中の警護、不吉な場合などに行われた。特に、御湯殿（おゆどの）の儀式の際のものは盛大。
目突柴 （めつきしば）	鬼の目を突く意。近畿地方で節分の夜に鰯の頭などを付けて家の戸口、窓などに挿す木の枝。木は柊（ひいらぎ）が多い。
焼嗅 （やいかがし）	節分の晩に鰯の頭と柊の葉を竹ぐしや豆がらにして挿して門口に挟んでおく習俗。農作物を鳥や虫の害から守ったり、厄よけのために行う。
疫病神送 （やくびょうがみおくり）	疫病を村外に送り出す呪術的民間行事。流行病のはやった時行うものと、年中行事として行うものがある。後者は六月十五日の祇園会の頃にすることが多い。わら人形、わら舟などの形（かた）を送り流したり、種々の方法がある。

疫病除（やくびょうよけ）
疫病にかからないようにすること。種々のまじないをして疫病神にたたられないようにすること。また、そのまじない。

八皿（やさら）
東北地方で、悪病除けのために、八個の食器に濁酒をついで神に供え、かつ飲む行事。日は二月九日が最も多い。

湯立（ゆだて）
神前の大釜で湯をわかし、巫女や神職がその熱湯に笹の葉をひたして、自分の体や、参列者にふりかける儀式。古くは神意をうかがう方式であったが、後世、湯を浄め祓う力のあるものとみなし、舞と結合して芸能化した。

夢になれ
現実ではなくて、あとかたもない夢になれの意で、凶事を吉に転じさせようとするまじないに唱える語。

夢違（ゆめちがえ）
悪い夢を見た時、正夢となって災難が来ないように、まじないをすること。

夢流（ゆめながし）
悪い夢を見た時、呪文を唱えたりして夢を送り流し、災いを逃れるという呪法。

世直（よなおし）
地震や雷鳴のとき唱えて、それらを防ぐ呪文。多くは「よなおし、よなおし」と重ねて用いる。

除の歌（よけ）
虫除けのまじないの歌。複数の種類がある。

嫁祝（よめいわい）
小正月に子供などが新嫁の尻を祝棒などで叩き、多産を予祝する呪術的行事。

夜の衣を返す	夜の衣を裏返しに着て寝る。こうすると、恋しい人に夢で会えるという俗信があった。
雷電様 (らいでんさま)	雷の多発地帯の落雷を避けるまじないとして、祭られる神。
竜王申し	竜王に向かって雨乞いをすること、その唱え言。
六三除 (ろくさんよけ)	六三（体の九か所に星当たりというものをあて、自分の年齢を九で除した残りの数字に相当する部分に病気があるというもの）の災いをよける呪法。
鉄火 (てっか)	戦国時代に罪の有無を試すため、神祠(しんし)の庭前で熱鉄を握らせたこと。炎苦に堪えず投げすてたものを有罪とした。火起請。
神明裁判	神意を受けて黒白を決定する裁判。熱湯や鉄火を用い、正しければやけどを負わないとした。近世初期までいずれとも決めがたい裁判などに用いられた。

　我々の先祖が従ったヘンな風習、野蛮、未開な制度、無駄な信心、おまじない等を列記してきた。

　現代人は法律と科学で自分を守るので、ヘンな風習を笑いとばしてよい。職業も趣味も信仰もバラバラな現代、非科学時代の風習は後世に伝えなくていい。魔女狩りや異端審問の愚かさは、歴史の教科書では教えなければならない。人権、法律、科学は全て理性から生ずる。

諦文法　言葉の限界について

言葉の世界

②同様のことが言葉の世界にもいえる。

言葉にできる領域とできない領域が存在する。

言葉にできない領域を表す形容詞は種類も多く「諦文法」と総称してよい。言語化を諦めた領域。

indescribable　名状し難い言葉で表現できない
wordless　言いようのない
inexpressible　言い表わせない
nameless　言語を絶する
speechless　言い尽くせない
unspeakable　えもいわれぬ
untold　いわく言い難い
beyond words　筆舌に尽くせぬ
beyond discription
have no name for ～

諦文法の例

「言語を絶する惨禍」
（日本国憲法前文）
文芸無効　領域
文芸有効　領域
有る　言い表わせる
無い

数の世界

①数える行為には限界がある。

この認識により、
「無数の」
「数えきれない」
という形容詞が生じる。

数えることを諦めた領域を認める。

無限大　∞
万恒河沙（まんごうがしゃ）

無数の　countless
　　　innumerable
　　　uncountable
数えきれない

数えきれる
　　numerable
　　countable
多い
少ない
有る

無い

理性について

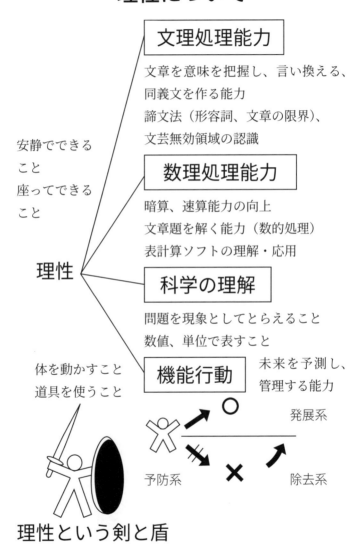

文理処理能力

文章を意味を把握し、言い換える、
同義文を作る能力
諦文法（形容詞、文章の限界）、
文芸無効領域の認識

安静でできる
こと
座ってできる
こと

数理処理能力

暗算、速算能力の向上
文章題を解く能力（数的処理）
表計算ソフトの理解・応用

理性

科学の理解

問題を現象としてとらえること
数値、単位で表すこと

体を動かすこと
道具を使うこと

機能行動

未来を予測し、
管理する能力

発展系

予防系　　　×　　　除去系

理性という剣と盾

文理について

文理とは文章を律する規則のことで、簡単・単純な式
で表せる。　　　　　　　○と✕は反義語。

$\boxed{\text{A}}$ であること　＝　$\boxed{\text{反A}}$ でないこと。

○　　　　　　　　　✕

$\boxed{\text{A}}$ しなさい　は、$\boxed{\text{反A}}$ するなと同義。

○	時間を守れ	お金を大切にせよ	真実を述べよ
✕	遅れるな	無駄使いするな	嘘をつくな

○	法を守れ	約束を果たせ	静かにしろ
✕	法を破るな	約束を破るな	騒ぐな

上記のとおり、概念 $\boxed{\text{A}}$ は対立概念 $\boxed{\text{反A}}$ を否定すること
で、同義性が保たれる。
同様に、

○	記憶	許可	安全
✕	忘却	禁止	危険

これを覚えろ。　　これは許されている。　　安全を保て。
忘れるな。　　　　これは禁じられていない。　危険を冒すな。

　これらの文章は同義性の幅として把握できる。本が無限
に増える理由は、同じ意味で書いても原文と一字一句が同
じにはならないからである。意味のある文章はすべて文理
の制約をうけ、同義性の幅をもつ。

文章を論理要素として数理的に扱う態度が無いと、契約社会で生きてゆけない。

　法律、雇用契約、消費者契約、約款の意味が把握できないと、契約の当事者になれない。文理の存在を端的に表すと、「裏の裏は表」。文脈で何が肯定、否定されるのか把握し、正確に意味をとらえる能力があれば、同じ意味の異なる文章を作れるようになる。学術のやっていることが、神学のパロディにすぎないことに気付く。なぜ学校で「文理」という概念を教えないか。それは先生（雰囲気の管理者）になるためには、文理を知らなくてもなれるからである。外国語の習得も、まず母国語を文理に従って自在に扱える能力をつけてからでないと、「暗記」はできても「理解」ができない。現象の管理者になるために、この教育の不完全性を笑っておかなければならない。教育は新たな「信者」（雰囲気の奴隷）を作る場であり、「現代人」（現象の管理者）を作る場ではない。

速算、暗算 学校で教えないこと

学校の方法

$$7^3 = 7 \times 7 \times 7$$
$$= 49 \times 7$$

$$
\begin{array}{r}
49 \\
\times \quad 7 \\
\hline
343
\end{array}
$$

$$= \quad 33 \times 99$$

$$
\begin{array}{r}
33 \\
\times \quad 99 \\
\hline
297 \\
297 \\
\hline
3267
\end{array}
$$

$$= \quad 88 \times 96$$

$$
\begin{array}{r}
88 \\
\times \quad 96 \\
\hline
528 \\
792 \\
\hline
8448
\end{array}
$$

$$
\begin{array}{r}
78 \\
\times \quad 93 \\
\hline
234 \\
702 \\
\hline
7254
\end{array}
$$

正解だが、
遅い。

現代人は1秒でも速く解く。

現代人の方法

$$7^3 = 7 \times 7 \times 7 = 49 \times 7$$
$$= (50 - 1) \times 7$$
$$= 350 - 7$$
$$= 343$$

$$33 \times 99$$
$$= 33 \times (100 - 1)$$
$$= 3300 - 33$$
$$= 3267$$

$$88 \times 96$$
=== 補数を用いた速算 ===
補数とは、100 からその数を
引いた数。
この場合　補数は、12 と 4
補数の和　16
補数の積　48
100 から 16 を引いて 84
よって　88 × 96
　　　= 8448

100 − (補数の和)　補数の積

78 × 93　補数は 22 と 7
補数の和　29
補数の積　154
100 から 29 を引いて 71
よって　78 × 93
= 7254
補数の積が 100 を超えると、
くり上がりが生じる。

それぞれの口ぐせ

この本に書いてある。
This book says.

雰囲気の奴隷

現象の管理者

機能(いみ)あるの？
Any function?

発展系

予防系　×　除去系

何系？

支配のパターン

安静の支配

　信者の本質は、真面目でも敬虔でもなく、怠惰である。最も安楽な方法、安静（祈り、願う、座禅、瞑想、読経、読書）を美化し、それぞれの座り方を正当化する。いかに働かずに飯を食うかという命題に対する解答。宗教のパロディとしての文学、哲学、雑学、という虚業界は、無限のジャンク雑学として21世紀にまで及んでいる。これは怠惰が怠惰を生む情報の悪循環である。現代人の笑いを誘う間抜けな座り方。聖職者は決して急がない。体を動かさず、言葉だけで生きてゆく。

能動の支配

　現代人の本質は勤勉である。仕事、趣味、娯楽をより合理的にこなす。様々なハイテク機器を使い、常に効率、効果を追求する。機能のあるモノ、サービスはさらに発展してゆく。誰でも手軽に有益な情報を得られる。情報を発信する側に回ることも簡単になった。宗教より楽しいこと、人の役に立つことを現代人は知っている。そして実践する。様々な笑いを追求し、発展させてゆく。これは情報の善循環である。

　現代人は常に急ぐ。時間を大切にする。

情報の時限性

すべての情報は時限性をもつ。時限性とは、その情報が有効な時間のことを指す。

時限性	情報の性質
1日未満 ハイテクを 用いる。	新聞より速く伝える情報。 生命、安全にかかわる各種警報。 最新のアプリで提供される。 最新情報をリアルタイムに入手し、適切な行動（予防系、除去系）をとる。
1日	天気予報、経済情報 毎日　更新される。
1年	カレンダー、時刻表、判例六法 理科年表、IT 用語辞典 年鑑　電話帳
永　遠 人間の賢さ も愚かさも 端的に表す	ことわざ。人文科学の極致。 下手の考え休むに似たり、下手の長談義 船頭多くして船山へ登る 千日の勤学より一時の名匠、先入主となる

以上は現代人向けの情報。

以下は原始人、信者、雰囲気の奴隷のための情報。

時限性	情報の性質
永　遠 いかなる 技術も 不要。	全ての宗教、占い、ジャンク雑学のネタ本。 教典、聖典、教義。 最も原始的な情報伝達方法、対面方式で教授される。 決して更新されない。 神学部、仏教学部の教科書。 「技術の聖域」の住人向け。

現代人社会は、時限性の短い更新される情報を中心に回っているのに対し、信者社会は更新されない情報を中心に回っている。

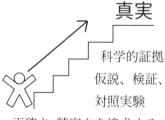

理系

実名詞で構成される。

真実

科学的証拠
仮説、検証、
対照実験

正確さ、精密さを追求する。

文系

聖典、教義の同義文を複写しているだけ。二次的、三字的な複写。概念の定義のあいまいさという点でことわざと同質。量だけが増大する。情報の精度を追求しない。

オカルトの魅力

　コナン・ドイルは創作人物シャーロック・ホームズには完璧な「科学捜査」をさせたが、私生活ではオカルト信者だった。ニセ妖精写真を信じた。
（コティングリー妖精事件）

　又、降霊術に凝った。

　ニュートンは立派な錬金術信者だったし、エジソンでさえ「霊界と交信する装置」を発明しようとした。確かにオカルトには魅力がある。

　昔の教育は科学と非科学の区別を教えなかった。21世紀、現象の管理者になるために、真正な科学精神を習得しなければならない。

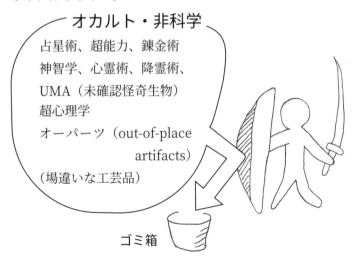

オカルト・非科学
占星術、超能力、錬金術
神智学、心霊術、降霊術、
UMA（未確認怪奇生物）
超心理学
オーパーツ（out-of-place
　　　　artifacts）
（場違いな工芸品）

ゴミ箱

理性という盾

学問の無秩序、ジャンク雑学を笑う

　21世紀、雑学はさらに大袈裟になる。「人間工学に基づいた」とか、くだらない宣伝広告は、現代人の笑いを誘う。どうすればジャンク雑学はできあがるか。単語をいいかげんにくっつけて「学」や「論」をつけただけである。

社会　人間　現代　心理　福祉
文化　科学　情報　スポーツ　産業
経済　経営　商学　法律　比較
文学　哲学　災害　言語　政治
コミュニケーション　メディア　国際　神学　倫理

　対立する意味のことわざが、それぞれ正しいのと同様に、雑学も臨機応変に応用できる。理論要素の内包も外延も抽象的という点で、雑学はことわざと同質。情報量だけが無秩序に増大する。

　ことわざを理解していれば、冗長な「専門家」に頼らなくてよい。

大は小を兼ねる　　　　先手必勝　　　　果報は寝て待て
　　↕　　　　　　　　　↕　　　　　　　↕
杓子は耳掻きには　　　急いては事を仕損　蒔かぬ種は生えぬ
ならず　　　　　　　　じる

　　転ばぬ先の杖　　　　　　　下手の横好き
　　　↕　　　　　　　　　　　　↕
　　泥棒を捕らえて縄　　　　好きこそ物の上手
　　を綯う　　　　　　　　　なれ

行為の優先順位

信者　祈る、おがむ、聖典を読む、
　　　唱える、読経する

観念行為
安静でできること
能動的思考は無い。
具体的行動は無い。

装飾行為
着飾ること
鏡の前でする行為
美観の追求

現代人

①除去系行動　悪い状態を良い状態に戻す
②予防系行動　悪い状態を予防する
③発展系行動　現状をより良い状態にする
④予備的行動　非常時に備える行動

機能行動　　予備的行動　　装飾行動

○

発展系

予防系　　　　　除去系

×

常に考える。
合理性・スピード
の追求

予備的行動
停電に備え電池
を用意する
断水に備え水を
ケース買いして
おく
非常食の備蓄

装飾行動
着飾る
美観の追求

現代人の鞘（さや）

　現代人は理性という剣と盾を持っている。むやみに剣を振り回すものではない。みせびらかすものではない。剣を収め、風習に従わねばならない場合もある。地鎮祭とか鎮魂の儀式とか、「機能あるの？」という質問を控える慎みもまた、理性のはたらきのひとつである。これは現代人の鞘と呼べる。

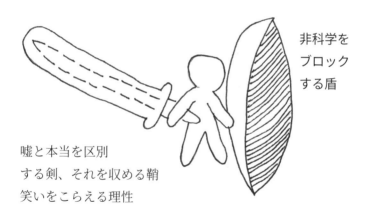

非科学を
ブロック
する盾

嘘と本当を区別
する剣、それを収める鞘
笑いをこらえる理性

現代人の鞘、剣、盾

現代人のギャグセンスを存分に発揮してよいのは、漫画と音楽だけだ。真の自由は漫画と音楽の中にある。

アナリストのパラドクス

　世の中にはいろんな「専門家」がいて、いろいろ「教える」立場にある。

　株価予想が当たるなら、証券アナリストになる必要はない。競馬予想が当たるなら、競馬新聞の記者になる必要はない。占いが当たるなら、宝くじでも当てればよいのであって、占い師として稼ぐ必要はない。定職に就いている事実が、予想が外れる何よりの証拠になっている。これらは現代人の笑いを誘うパラドクスである。証券アナリストは立場上、「投資信託なんて危険です」とは言えない。

　現代人は理性という盾で、「教える」立場を笑う。ヘンな「専門家」を信じたら負け。笑えば勝ち。

教える立場

21 世紀の分別

何を捨てるか

20 世紀までの宗教、文学、哲学、教義、教典は捨ててよい。

ゴミの分別

可燃物／不燃物／プラスチック／金属

　日常生活において、ゴミの分別が必要なように、20 世紀までの情報も、分別が必要。

　科学は段階的に発展してゆくので、その過程を学ぶことは、無駄な研究を予防するという点で、意義がある。科学史は人類の賢こさ を反映している。一方、ニセ科学、オカルトは人間の愚かさを反映しているので、笑っておこう。情報の取捨選択の基準は、学校で教えない。

文芸
ニセ科学
非科学
オカルト

ゴミ箱へ入れる

使えない情報

科学史
人権の歴史
法律の歴史

まともに受けとる

使える情報

まとめ

	原始人・信者	現代人
発達の段階	雰囲気の奴隷	現象の管理者
偶像 idol	信じる	笑う
偶物 idol-goods	信じる 作る 買う	笑う 作らない 買わない
実名詞 real noun — 真正なネーミング truenaming	信じる	まともに受け取る
実名詞 real noun — 不実なネーミング misnaming	信じる	笑う
虚名詞 virtualnoun	信じる	笑う
おまじない 呪文 ヘンな風習	信じる	笑う
現象に対する態度	呪文・おまじないで何でもできる 言霊を信じる	道具で測定する 道具で管理する

	原始人・信者	現代人
科学精神	無知 古本に書いてないから	理解・実践する ①物質(モノ)で考える ②数値化する ③単位をつける
文章の限界 諦文法	無知・気付かない 古本に書いてないから	認める 文字以外のメディア も楽しむ 漫画、映画、音楽
速算・暗算	無知 学校で習わなかった	理解・応用する
文理	無知・気付かない 古本に書いてないから	理解・応用する プログラミング に応用する
支配のパターン	安静の支配	能動の支配
口ぐせ	この本に書いてある	機能(いみ)あるの？
情報の時限性	聖典が永久に正しい なんでも古本に書い てある	短い 更新される
オカルト ジャンク雑学	信じる	笑う
行動の 優先順位	①祈る ②唱える ③古本に答えを求める	①除去系 ②予防系 ③発展系 ④予備的行為

「ワクチンを打っていないから、入れてもらえないんだ」

「地球へ行くなら、マスクを着けなさい」

神父さん、天国って素敵な所でしょうね。

その通り、素敵な所だ。

ポルシェで300キロで走ってもつかまらない？

ああ、つかまらない。天国は自由なところだ。

酒に酔ってカウンタック運転してもつかまらない？

ああ、つかまらない。

たまに、車にひかれる奴もいるが。

ただの無法地帯じゃん!!

お坊さん、地獄って恐ろしい所でしょうね。

その通り、恐ろしい所だ。

音楽も漫画もない？

うむ、娯楽も休日もない。

毎日鬼にこき使われるの？

うむ、恐ろしい鬼にこき使われる。

「鬼の顔も三度まで」じゃないの？

それは「仏の顔」だろ!!

100

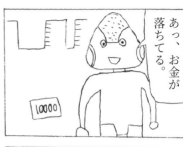

あっ、お金が落ちてる。

チケット余ってないか！
S席あるよー

どうしよう…。

おにぎりん、何やってんの。
アルバイトさ。

そうだ、いいこと考えた！

ダフ屋行為は禁じられてるんだよ。
そうかい。

それで、全部宝くじに使った、と。
倍にして届けようと思って…。
横領だね

ダフ屋じゃないよ、チケットコンシェルジュなんだ。
いっしょだろうが！！

地球のテレビはおもしろいな。

私はイギリスのコメディーが好き。

ただの運動をおおげさに

∘ **エクササイズ**
∘ **ワークアウト**

ちょっとあいさつしていこう。

余計な口出しをもっともらしく

∘ **アドバイザー**
∘ **カウンセラー**
∘ **コーチング**
∘ **コンサルタント**

この円盤でテレビが見れるの？

見れるよ、世界中のテレビ。

信者を獲得するなら

∘ **ポイント**
∘ **プレミアム**
∘ **ディスカウント**

NHKだ受信料払ってくれ。

宇宙人から金とるのかよ！

あなたもかもし出してみませんか

カタカナ

ア〜ンまでそろっています
是非ご利用下さい。

オリンピックなんてかったるいよなー。筋トレは疲れるし。

しめしめ、犯人を捕まえたぞ。善人お断わり×

早く帰りたいな。ポテチ食いながらゴルゴ13読みたい。

しめしめ、合格したぞ。受験生お断わり×

きみ！おめでとう!!えっ、俺？

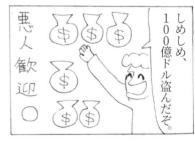

しめしめ、100億ドル盗んだぞ。悪人歓迎○

日本やりました！新種目なげやりで金メダル！すばらしいなげやりでしたね。

しめしめ、毒リンゴを食わせたぞ。正しい悪人ライフにしめしめ魔女歓迎○

現代人の一日

現代人の一日は、予防系から始まる。

①アラーム機能（寝坊を防ぐ）で目を覚ます。

②ドアに鍵をかけ（盗難を防ぐ）出かける。

③遅刻しないように職場へ移動

④新しい情報を得る（新聞、ネット）

⑤仕事をする（発展系）能率の追求

⑥帰宅したら掃除、入浴（家、体の汚れを落とす）

⑦交友関係を結ぶ（ネット、電話）

⑧歯磨き（歯の汚れを除く）

⑨就寝、疲れをとる（除去系）

⑩天候により傘（雨に濡れないため）を使う

⑪病気の人は薬（病気を治す）を飲む

⑫近眼の人は眼鏡、コンタクトレンズ（近視の矯正）を使う

⑬趣味の充実、新しい笑いの追求、体力をつける

⑭あらゆる失敗を記録しておく、再発を防ぐ

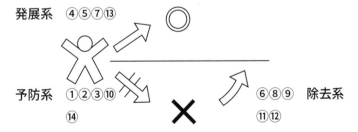

⑮自然災害等に対する備え、予備的行動

　停電・断水、地震に備える行動

原始人は科学的に無知、無欲、無能だった。笑いを追求する余裕もなく、信仰の中に安息を求めた。メディアも無く、喜劇も無かった。現代人は法律で人権が守られているし、何を笑おうと個人の自由である。信仰を強要されることもない。科学的知識も豊富で、「もっと速く」「もっと便利に」「もっと快適に」を追求できる。現代に生まれて一番素晴らしいのは「もっと楽しく」を追求できる点だ。

　日本という、漫画が世界一発達している国で、科学精神とギャグ精神を融合させ、本書はできあがった。ひとつでも、現代人の笑いの向上に貢献できる点があれば幸いだ。現代人として様々な機能行動をこなしながら、精神的豊かさを笑いに求める人に本書が届けばよいと思う。

　学校で教えない事を追求してきたが、笑いと共に理解されれば、書いた甲斐がある。

　本書を読んでくださった方が、勝ち、生き残り、そして笑えますように！

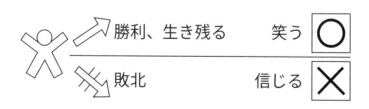

■著者紹介

ベントラー友夫
1970 年山形市生まれ。高校 2 年で英検 2 級、大学 2 年で行政書士
に合格。
1993 年、立命館大学法学部卒業。

笑うか信じるか

2024 年 4 月 2 日　初版第 1 刷発行

著　者　　ベントラー友夫
発行所　　株式会社牧歌舎
　　　　　〒 664-0858　兵庫県伊丹市西台 1-6-13 伊丹コアビル 3F
　　　　　TEL.072-785-7240　FAX.072-785-7340
　　　　　http://bokkasha.com　代表者：竹林哲己
発売元　　株式会社星雲社（共同出版社・流通責任出版社）
　　　　　〒 112-0005　東京都文京区水道 1-3-30
　　　　　TEL.03-3868-3275　FAX.03-3868-6588
印刷製本　冊子印刷社（有限会社アイシー製本印刷）
© Bentler Tomoo 2024 Printed in Japan
ISBN 978-4-434-33720-8　C0036
落丁・乱丁本は、当社宛にお送りください。お取り替えいたします。